バイリンガル・ブレイン

二言語使用からみる言語の科学

El cerebro bilingüe:
La neurociencia del lenguaje
Albert Costa

アルバート・コスタ［著］
森島泰則［訳］

keiso shobo

EL CEREBRO BILINGÜE
by Albert Costa

Japanese translation published by arrangement with
Penguin Random House Grupo Editorial,
S.A.U. through The English Agency (Japan) Ltd.

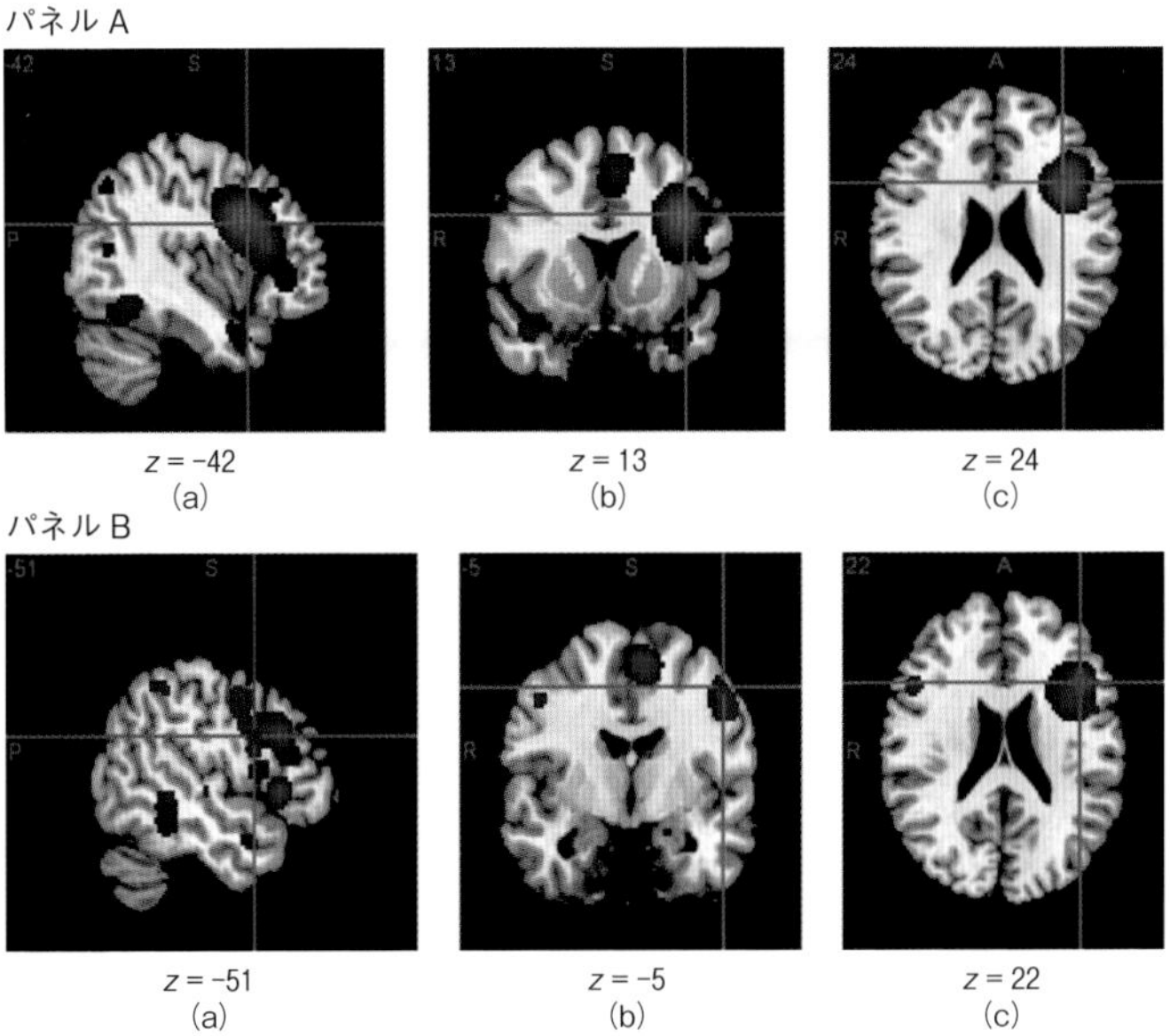

プレート1　パネルAとパネルBにおいて、非常に堪能なバイリンガル話者と、習熟度が中程度から低いバイリンガル話者それぞれについて、メタ分析の結果が確認できる。なお、各脳画像の右側は左半球に対応する。

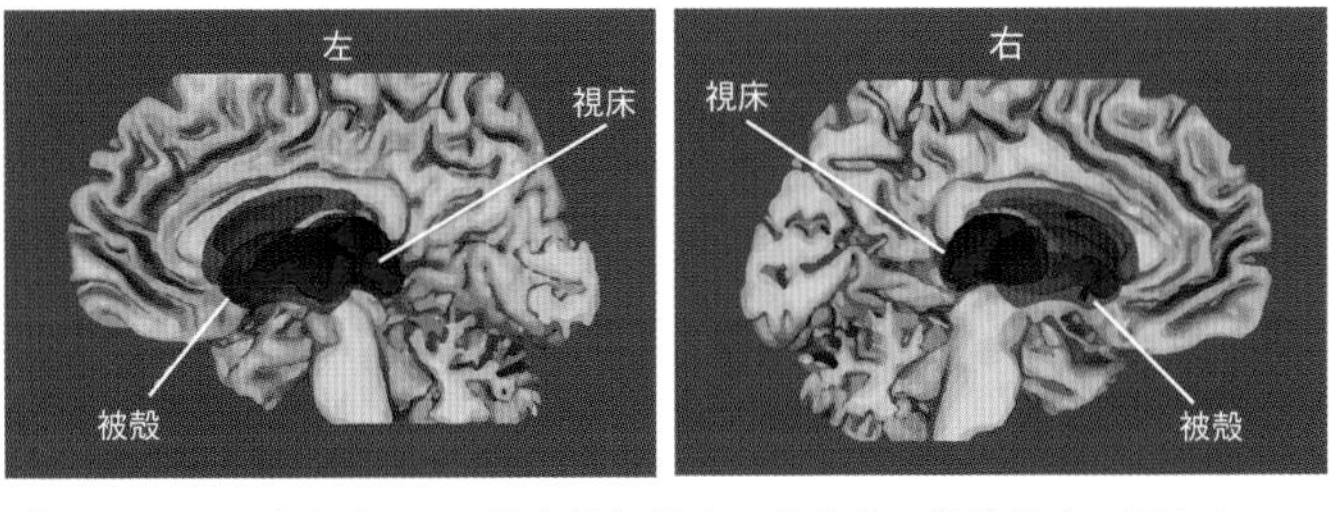

プレート 2　断面図では、基底核と視床に対応する構造が赤で示されている。バイリンガル話者の方がモノリンガル話者と比較して増大している領域は、青で表示されている。

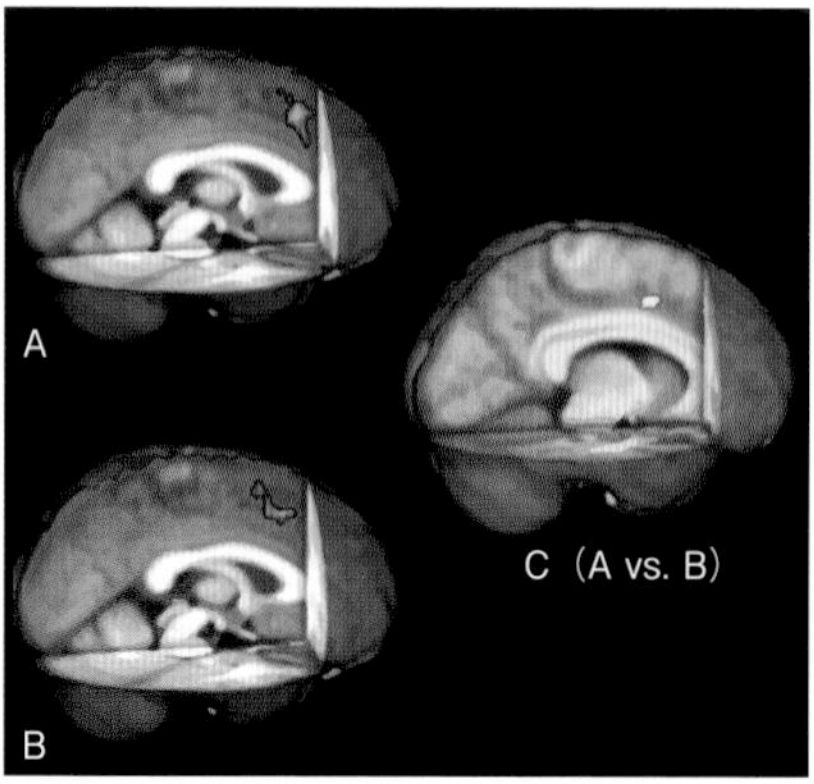

プレート3　フランカー課題における、バイリンガル話者とモノリンガル話者の神経機能の違い。葛藤の解消において、前部帯状皮質がどの程度活性化されるかが、パネルＡ（バイリンガル話者）とパネルＢ（モノリンガル話者）に示されている。モノリンガル話者の活性化がバイリンガル話者よりも大きい。パネルＣには、モノリンガル話者とバイリンガル話者の活性化の差が示されている。

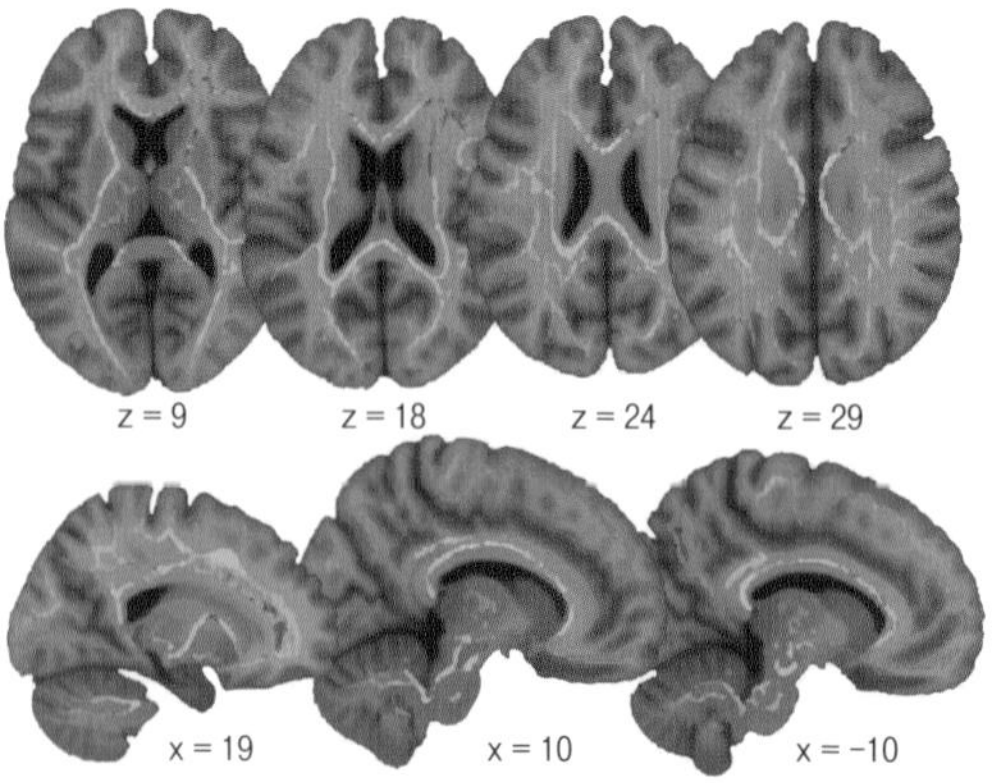

プレート 4　バイリンガル話者とモノリンガル話者の間の白質の指標である「分散異方性」の違い。赤で示された領域は、バイリンガル話者とモノリンガル話者の間に有意な違いがある領域に対応している。これらの領域は、脳梁に位置し、上縦索束および下前頭葉後頭葉束に広がっている。

バイリンガル・ブレイン

——二言語使用からみる言語の科学

目次

プロローグ

1

「トーキングヘッズ、トーキングヘッズ、トーキングヘッズ！」と聴衆は叫んでいた。一九八〇年、セントラルパークでのコンサート開始前のことだ。おそらくご存知だと思うが、トーキングヘッズは、（専門家によれば）七〇年代半ばに現れた、ニューヨークを拠点としたポストパンク・ミュージックのグループである。あなたの好みかどうかは知らないが（私の好みではない）、私たちはみんなトーキングヘッド（おしゃべりする頭）だってことは間違いない。

実際、人間とはおしゃべりする頭のついた動物と定義することができる。そう考えなかったとしても、私たちはそうなので、意識しようとしまいとおそらく誰でも言語に関心があるのだろう。我が子が最初のことばを話すのを驚きをもって見ている両親から脳に損傷を受けて言語障害を患っている人まで、人間の脳はどのように言語を習得し、処理するのかと誰もが疑問をもっている。本書は、長年の疑問の数々に取り組もうというものだ。一つの同じ脳の中でどのように二つの言語が共存できるのか。そして、二言語が共存するとどんな影響をもたらすのか。二重トーキングヘッド（二言語話者）は、何が特別なのか。

一冊の本全部をバイリンガリズム《二言語使用》というテーマに当てるのはなぜか。世界の人口の半数以上が二つ以上の言語を使っているという事実からも、世界全体からみてバイリンガリズムは例外というよりも標準だからだ。もし人間の脳の中でどのように言語が機能するのかを知ろうとしたら、このバイリンガリズムという現象を外すわけにはいかない。バイリンガル脳の研究を通して、注意や学習、感情や意思決定といった認知の領域と言語がどのようにかかわるのかという疑問も探究することができる。バイリンガリズムは人間の認知に関する研究への入口なのだ。

本書を読み進むと、本書で取り上げた疑問について、答えよりもむしろさらに疑問が出てくることに気づくだろう。ある意味、それが私の狙いである。読者の興味を誘いたいのだ。たとえば、一つの同じ脳の中に二つの言語が共存するとはどういうことなのか、そしてそれに関連した疑問がどのように研究されているのか。答えを示せる場合もあるが、まだ待っていてくれと言う場合もある。答えの中にはまだ確定していないものもあるからだ。この探究の旅の中では、科学的研究の成果を示し、次のような問いに光を当てていく。二言語環境におかれた幼児はどのようにそれらの言語を区別するのか。バイリンガルの子どもとモノリンガル（単一言語使用）の子どもがたどる言語習得の道筋はどのように異なるのか。バイリンガル話者が話す二言語を支える神経的基盤はどうなっているのか。バイリンガリズムは、そのほかの認知能力の発達にどのような影響を及ぼすのか。脳障害によって二言語がどのように劣化するのか。第二言語を使うと、意思決定はどのような影響を受けるのか。もしこのような問いが少し抽象的に思えたら、実際場面でどうなのかを見てみよう。

アレックスは、ボストンで、英語を話す母とスペイン語を話す父というバイリンガルの家庭に生まれた。両親は、子どもの言語発達に悪い影響がないだろうかと思いつつも、我が子にそれぞれ自分の母語で話しかけることにした。アレックスが二つの言語システムを習得する認知的過程は、両親が一つの言語だけ話して育てる（つまり、子どもはモノリンガル家庭で育つ）場合の発達過程とは異なるだろう。家族の中で二言語を話したり、自分たちの母語とは別の言語を使う土地に移住したために幼児が二つの言語に触れて育つ、このような家庭環境が珍しくはないことは両親も分かっている。アレックスは二つの言語を区別することを覚え、発音や単語がどちらの言語のものか分からないといけない。別の言い方をすれば、二つの別々の音韻体系と語彙体系を身につけなければならないということだ。これはどのようになされるのだろうか。このように二つの言語に触れ続けると言語体系が混乱したり不十分なものにならないだろうか。実は、あとで分かるように、一般常識や広く信じられていることとは裏腹に、詳細な科学的エビデンスが導かれつつあり、アレックスがこれから二つの言語を同時に、しかも明らかな混乱もなく習得していく過程を説明してくれる。この本の中で、早くは生後一ヶ月時点で見られる課題を探った研究をいくつか見ていく。そう、間違いではない。生後わずか一ヶ月の新生児だ。人間の発達の研究に生涯を捧げた研究者たちの創意工夫には目を見張るものがある。ところで、アレックスは今十四歳で、英語とスペイン語とカタロニア語を完璧に操ることができる。彼はおしゃべりだから見逃すはずはない。アレックスは私の息子なのだ。

別の例を考えてみよう。ローラは三年前にアルツハイマー病と診断され、病状は初期の段階にある。バルセロナで一人暮らしをしているが、うまくやっている。ローラは娘のマリアといつもスペイン語で話をする。スペイン語が母語だからだが、カタロニア語も知っていて、もう八十年も使い続けている。マリアは、母親がコミュニケーションがしづらそうだと気づき始めた。そんな時、それほど大事だとは思えないけれど、二人はこんな疑問を持つようになった。病気が進んで、認知機能にもっと障害が出たら、ローラは何語を話すようになるのだろう。アルツハイマー病はどちらの言語にも同じように影響するのだろうか。ローラは両言語を区別できて、自分が望む言語を使ってコミュニケーションが取れるのだろうか。もう一つの言語は邪魔にならないのだろうか。このような疑問を研究することによって、私たちはマリアの疑問に答えを提供できるばかりか、二つの言語が一つの脳の中にどのようにおさめられているかを知ることができる。こういったことを知っていれば、治療やリハビリにどの言語を使えばいいのかを判断するときの助けになるだろう。

本書には、アレックスとローラのような例は他にもいろいろ出てくる。個人情報を保護するため適宜偽名を使っているが、どれも実際にあった例で、どのように二言語を習得し、使っているのかを研究しているとぶちあたる疑問を理解するのに役立つ。

「バイリンガリズム」という用語について、規範的な定義は避けたいと思うが、ここで特別に取り上げておくのがよいだろう。そのあとは触れないことにしよう。バイリンガリズムを定義するのは、動く標的を射止めようとするのに似ている。つまり、古くからある数々の定義は意味の範囲が広すぎて使いものにならないか、そうでなければ狭すぎて、二言語を併用する人々のうち相当数がそこから外れてしまうということだ。これは、第二言語との接し方が多種多様だからだ。たとえば、バイリンガル（話者）を、二つの言語の習熟度が同じくらいの人だけを指すと定義すると、一方の言語能力の方が高いが、両言語とも同じくらい頻繁に、それほど苦もなく使っている多くの人々を排除することになる。一方で、二言語を学習し始めた年齢をバイリンガリズムの明確な特徴ととらえ、「ゆりかご」にいた頃から二言語に触れている人をバイリンガルと考えるなら、普段から二言語を併用する多くの人々を取りこぼすことになる。さらに話は複雑になるが、言語能力では二言語の間で遜色のない人でも技能によって差があることがよく見られる。たとえば、第二言語を非常に流暢に話し、豊かな語彙力があるが、とても強い外国語訛りのある人がいる。その一人が著名な小説家、ジョゼフ・コンラッドだ。彼はポーランド出身で、英語は比較的後になって学んだが、ほとんどの主要な作品は英語で執筆した。彼の並外れた英語による文筆力にもかかわらず、コンラッドには強いポーランド語訛りがあった。コンラッドはバイリンガルではないと言ったらバカげていると誰もが思うだろう。ちなみに、コンラッドは例外的なケースではない。もっと現代の（それほど称賛には値しないかもしれない）人々を思いうかべてみよう。米国国務長官を務めたヘンリー・キッシンジャーや元カリフォルニア州知事のアーノルド・シュワルツェネッガーがいる。

確かに、このような人々をケースごとにどんどん分類して、別々の呼び名をつけていくことはできるだろう。ただし、そういう呼び名の数はあまりに多くなりすぎるから、あまり役には立たない。私の見解では、今現在得られているエビデンスから、それぞれ個別のケースは、はっきり分類できるグループというより、（言語の使い方、習得年齢、言語能力など）連続的に変化する様々な要因が示す特徴から成り立っているととらえる方が有効だろう。もちろん、科学的研究を行う際には、研究対象のサンプルは比較的同じ性質を持っている方が都合がよい。本書では、いろいろなタイプのバイリンガリズムに関する研究を検討していく。必要に応じていろいろなタイプの特徴を明らかにするが、それらをすべて「バイリンガル」と呼ぶことにする。

本書は全部で五章で構成されている。まず、新生児が二つの言語を同時に習得する場合に直面する課題から始めることにする。第一章では、新生児が、それぞれの自分の言語について何を知っていて何を知らないのかを測るために開発された様々なテクニックをみていく。わずか数ヶ月の新生児から意味のあるデータを得るのは簡単ではない。研究者たちが、新生児のかわいらしい脳から情報を引き出す方法をどのように開発したのかを知るのは楽しいに違いない。

第二章は、成人の脳の中に二つの言語がどのように「組み込まれている（これを専門用語で「表象されている」という）」のかという問題を扱う。特に、認知神経科学と神経心理学の研究に着目する。脳のどの部位が、二言語の表象と制御に関わっているのか、また脳障害がこのような機能にどのような影響を及ぼすのかをみていく。

第三章では、二言語を習得し、使用することによって、言語処理全般にどのような結果がもたらされるのかを分析する。ここでは、特に、バイリンガル話者とモノリンガル話者の脳を比較して、二言語を使うというバイリンガル経験が脳の形成にどのように影響するのかに注目する。また、バイリンガリズムが、いい意味でも悪い意味でもどの程度言語処理に影響するのか、さらにバイリンガル話者は、一人の中に二人のモノリンガル話者がいると言えないのは何故なのかを、文献から検討する。

第四章は、バイリンガル経験がそのほかの認知能力の発達、なかでも注意制御機能にどのような影響があるのかに迫っていく。たとえば、二つの言語を併用し続けるのは、頭の体操のようなもので、注意機能がより効率よくはたらくようになり、脳機能障害を起こしにくくすると言われる。現在分かっていることから、この意見が正しいと結論できるのかを検討する。生後七ヶ月から八十歳までの広範な年齢幅の人々を対象に行った研究や、神経変性疾患の患者においてバイリンガリズムが認知的予備力（cognitive reserve）を促進することを示唆する近年の研究をみていく。

いよいよ最終章だが、ここでは第二言語を使っているときに意思決定プロセスがどのような影響を受けるのかを明らかにする。私たちが直感的に行っていて、ときには意思決定を歪めてしまうような思考が、第二言語を使うと最小限に抑えられる仕組みはどのようになっているのかを見ていく。この章で検討する研究は、経済的な意思決定と道徳的意思決定を探究したものだ。数多くの人々がたえず第二言語で交渉ごとに当たっているという事実（多国籍企業やヨーロッパ議会を考えてみよ）からも、このような研究が持つ社会的な意味合いは特に重要である。

ここで触れておくのがよいと思うが、本書が扱わないことが二点ある。まず、第二言語の学習法は本書の目的から外れる。つまり、教室など正規の教育課程で第二言語を学習するのにどのような方法（方略）が最も効果的かは論じない。だからと言って、第二言語学習に関連するいくつかの要因（たとえば、習得開始年齢）の影響を調べた研究に触れないというわけではない。しかしながら、そのような研究に触れる場合には、個々の研究の文脈にそって分析するのであって、学校教育の場で第二言語を学習するのにどのような学習法が最も効果があるのかを厳密に分析することが目的なのではない。もう一つは、現象としてのバイリンガリズムにしばしば結びつく社会的・政治的意味合いは本書では論じない。そのような意味合いは、世界中の多くの国で採用すべき教育モデルについて暗に影響力を持つ。一つのコミュニティに二つの言語が共存し、そのことがアイデンティティの問題としてしばしば議論される（いくつかの例をあげれば、米国、カナダ、ベルギーのケースを考えてみよ）が、本書ではそれには触れない。

ここまで来れば残っているのは、一つの脳内にどのように二言語が存在するのかを探る旅にあなたを招き入れることだけだ。この探検の旅の途中、ときには立ち止まって、背景にあるいくつかの実験的研究について議論するのが必要なことがあるが、この旅は、読者の興味をそそり、楽しみ、有益な情報を提供するものになると思う。また、本書が儒教の名言を体現するものとなってほしいと思う。

Tell me, I'll forget（聞いたものは忘れる）
Show me, I'll remember（見たものは覚える）
Involve me, I'll understand（体験したことは身につく）

第一章　バイリンガルのゆりかご

あるいは、どうしてこんなことされないといけないの？もう今でも大変なのに⁉

映画『ゴッドファーザー・パート2』は、ヴィトー・アンドリーニの物語だ。ヴィトー少年は十二歳の頃、貨物船に乗って故郷のシチリア、コルレオーネ村から逃げ出す。ニューヨークに到着すると、ヴィトー・アンドリーニはヴィトー・コルレオーネとなり、こうしてアメリカを舞台にしたコルレオーネの物語が始まる。

映画を観ていない読者がいるかも知れないので、私の映画紹介はここまでとしよう。私が言いたいのは、ヴィトー・アンドリーニの話は、幸いなことに一部分だが、大勢のアメリカ移民に共通した経験ということだ。十九世紀末から二十世紀の最初の四半世紀にかけて、およそ一千二百万人もの人々がエリス島の合衆国入国審査場を通過した。このような移民のほとんどは、よりよい未来を求めて、ヨーロッパの国々からやって来た人々だ。エリス島に到着すると、適性検査を受けさせられた。適性検査の質問には、出身国や財産や健康に関するものが含まれていた。運のいい人はエリス島に五時間ほど留め置かれた後、入国が認められた。運に恵まれない人は、もっと長い時間留め置かれたあげく、検疫所に回されるか（ヴィトーはそこに送られ、天然痘を発病する）、自分の出身国に強制送還されるのだった。通訳係は入国者が移民用入国書類を揃えるのを手伝ったり、移民官との仲介をしたりするのが役目だが、入国審査手続きでは要になる人間だ。というのは、エリス島というのはバベルの塔の現代版のようなもので、イタリア語からアルメニア語、イディッシュ語やアラビア語まで様々な言語背景の人々が接するところだからだ。

このような移民の波は非常に激しく、今日、およそ一億人ものアメリカ人がエリス島を通過した移民を先祖にもつと推定されている。私の息子アレックスもそのようなアメリカ人の一人だ。彼の曽祖父母もエリス島を通ってアメリカに渡って来た。確かに、こういった人々の実に多くが豊かになり、何世代にもわたる家系を生み出すことができたのは間違いない。自分の生まれた国から遠く離れて、人生を再構築しようと見知らぬ土地にたどり着くのはどんなだったのかを想像することはなかなかできないが、このような人々の多くが直面する困難の一つを想像するのはたやすい。それは、新しい言語を身につけることだ。

実際、言語を「習得する」とはどういうことなのだろうか。単語を暗記したり、文法を理解することだけではなく、それぞれの言語の発音（「音韻体系」と呼ぶ）や、ある特定のコミュニケーション場面での表現の適切な使い方（言語の「語用論」と呼ぶ）も含まれる。だから、語彙的なラベル

（つまり、単語）を覚えるだけでは不充分で、その言語の音韻体系、それから発音をどう組み合わせるのか、どういう文が文法的に正しく、どれが間違いなのか、聞き手によってどれくらいの声の高さで話すべきなのかなどを身につけなければならない。

今の私たちもそうであるように、かつての移民の人々も外国語を身につけるのには大変苦労したに違いない。とくに、成人になって身につけようとすると、多くの場合、完璧にはできない。成人だと、新しい言語の発音を習得するのが難しいので外国語訛りになってしまう。統語構造を学ぶのも大変だ。そのため、文法的誤りのある文を作ってしまうことが多い。たとえば、英語で「we swam」と言うべきところを「we swimmed」と言ってしまう。意味の微妙なニュアンスをうまく使い分けるのも容易ではない。だから、ときどき、コミュニケーションの場面にそぐわない用語を使ってしまうことがある。たとえば、罵り言葉を不適切な場面で使ってしまうときなどがそうだ（あなたの母語で使う罵り言葉をいくつか、どんな場面で使うのが正しいかを誰かに説明してみるとよい）。異なる言語の単語同士が、実際には関係がないのに関係があると勘違いしてしまうこともよくある。たとえば、スペイン語の「embarazada（妊娠する）」は、英語の「embrassed（当惑する）」と同じ意味だと考える人がいる。最後に、大人だと、このような様々な情報をスムーズにまとめるのは楽ではない。その結果、外国語で会話しようとすると、気持ちの上ではちゃんと話そうとしていても会話が止まってしまったりする。

ふう！　そう、大変なことは山ほどある。ところが幼児となると話は違う。私たちはみな、この幼児期を通ってそれほど苦労せずに言語を習得したのである。あるいは、少なくとも子どもの言語発達はそのように見えるのだ。私たちはどうやって言語を身につけたのだろうか。この章でこの問いに網羅的に答えることはとてもできないが、言語習得の際、特に二つの言語を同時に習得する場合に、幼児がどんな課題や問題にぶつかるのかを見てみる。これから詳しく見ていく研究は、子どもの発達の最初の数ヶ月の間の言語習得過程に焦点を絞っている。モノリンガル赤ちゃんとバイリンガル赤ちゃんに関する研究を説明する。「バイリンガル赤ちゃん」という使い方に驚かないでいただきたい。確かに一連の研究に出てくる赤ちゃんはまだどの言語も「話す」ことはしないが、この赤ちゃんたちは何も言語経験がないというわけではない。多くの場合、バイリンガルの言語経験は赤ちゃんがことばを発することができる前から始まるので、「バイリンガル赤ちゃん」という用語はおかしくない。また、この用語は、二つの異なる言語に触れて成長する新生児、そしてそれに伴って生じる課題と、一つの言語しか習得しない新生児とを比較し対比するのに便利なのだ。ということで、主に単一言語の環境にいる赤ちゃんを「モノリンガル赤ちゃん」と呼び、日常的に二言語の環境にいる子を「バイリンガル赤ちゃん」と呼ぶ。これから見るように、両方のタイプの赤ちゃんに共通する大変さもある。

先走らないように次のことを覚えておこう。それは、赤ちゃんはしゃべらないが、赤ちゃんの脳は環境からの情報を常に処理しているということだ。実際のところ、多くの研究から次のようなことが分かっている。生後数ヶ月の間に赤ちゃんは言語について非常に精緻な知識を獲得しているし、

（早くても）生後一歳ごろまではおしゃべりを始めないが、わずか六ヶ月を過ぎると、相当数の語彙を含め、複雑な言語知識がすでに発達しているのである。

ことばはどこにある？

では、ゲーテのドイツ語の一文から始めよう。"Wer fremde Sprachen nicht kennt, weiß nichts von seiner eigenen."私のようにドイツ語を知らない人は、この文はまったく理解できない。それでも、この文が十語からなるということは分かる。「語（単語）」とは、スペースで前後が区切られた文字列（Werやfremdeなど）と考える。こうすると、ドイツ語は分からないが一歩踏み出せたわけで、意味は分からなくても「Sprachen」はドイツ語の単語ということが分かった。では、ちょっと本を置いて、YouTubeであなたの知らない言語の歌をサーチして、気をつけてそれを聴いてみよう（もしドイツ語の歌なら、Sprachenという単語が出てきて、それに気がつくかも知れない）。繰り返し聴いてみてもいい。当然、どんなことが歌われているかは分からないが、歌詞の中の単語は聞き分けられるだろうか。つまり、文字列を区切る空間（空白）がどこにあるかを聴き当てられるだろうか。おそらく「いや、できない」というのが答えだろう。なぜなら、音がずっと続いていて、その間にはっきりした区切りなどないように聞こえるからだ。まだあきらめないでほしい。もう一度、音の連なりを語に切り分けてみてほしい。大抵の場合、語の切れ目は実際の単語（語彙項目）とは合っていないはずだ。つまり、別々の語のいくつかの音がまとまって聞こえるのだ。

このことから、書きことばと違って、話しことばには語を区切る、はっきりした「スペース」はないということが分かる。もし先ほどのゲーテの一節を読むのではなく聴いたら、おそらく"WerfremdeSprachennichtkenntwießnichtsvonseinereigenen"のように聞こえるだろう。そして、どこが一つの単語のはじまりで、どこが別の単語の終わりなのかを何とか聞き取ろうとすることだろう。「この文はどういう意味なんだ？」ともうこれ以上あなたに気をもませるのはやめにしよう。「外国語を知らない者は自分の母語を何も分かっていない」という意味だ。

これこそ赤ちゃんがことばを処理するときの様子にピッタリ当てはまる。赤ちゃんたちは、いろいろな場面で聞いたことばを言語音のかたまりに区切っていく（これを音声の分節化という）。そうすることが、自分の語彙、別名心的辞書を作り上げるのにいつのまにか役立つのだ。でも、赤ちゃんたちはどうやって文節化をするのだろうか。さらに、同じ言語音のつながりが、二つの言語の間では違う単語になる場合にはどうなるのだろう？

言うまでもないが、どんな言語でも習得することは可能だ。もしそうでなく、赤ちゃんが習得できない言語があったら、その言語はすぐ消滅してしまう。だから、音声信号には、赤ちゃんが分節化を行うのを可能にするヒントが含まれているに違いない。つまり、赤ちゃんの耳に届く連続音声には、分節化の手がかりになる何らかの規則性があるということだ。たとえば、どの言語にも、ひとまとまりにできる音声に制約がある。スペイン語では「str」と三つの子音がつながるとしたら、s音とt音の間に音節の境界（例、as-tro-nau-ta「宇宙飛行士（astraunaut）」）か語の境界（例、las trenes「列車（the trains）」）がなければならない。スペイン語には「-st」で終わる語や「str-」で始まる語が存在しないということから、このような制約があると言えるわけだ。驚いたことに、スペイン語圏の赤ちゃんは、生後八ヶ月になるまでにこの事実に気づいているのだ。まだほとんど言語というものを知らないというのに。どうしてこんなことが可能なのだろうか。赤ちゃんには言語音の共起確率を計算する能力が備わっていることを明らかにして、大きな衝撃を与えた研究がある。ここで少し足を止めて、その研究を説明することにしよう。というのは、ここから、生後間もないころから赤ちゃんに備わっている言語に関する知識をどのように探っていくことができるかを見ることができるからだ。

どの言語でも、ある音節（または音素）にもう一つの音節（または音素）が続く確率（これを「遷移確率」という）は、一つの単語の中で続く方が単語をまたいで続く場合より高い。たとえば、スペイン語では、（palabras「語（words）」のように）「pa」という音節に「la」という音節が続く確率は、（las palabras que oimos「私たちに聞こえる語」という文節に現れるように）「bras」という音節に「que」という音節が続く確率よりずっと高い。ロチェスター大学のジェニファー・サフランたちの研究は、生後八ヶ月の赤ちゃんには音声間の遷移確率を計算する能力があるという仮説を検証した。いろいろな音節列を作り、様々な音節を使って遷移確率を操作した（つまり、変化させた）（図1・1を参照）。赤ちゃんの母語（この場合は英語）の影響が生じないように、実験用の語は、英語にはないものになるように創作した。実験上の工夫は、作成した連続音節の中に研究者たちが「語」のか

図 1.1　実験で音節が提示された順序の転写。見て分かるように、各造語の音節は常に同じ順序になっている。たとえば、*pi* が現れると常に *ro* が続く。しかし、*ro* があると、次の音節は *go*、*bi*、または *pa* になる。

たちになっていると見なしたものが入っているということだ。語の場合、音節と音節の遷移確率は一・〇（つまり、百パーセント）だ。たとえば、連続音声「tupiro」はそのような語で、音節「tu」が来れば必ず音節「pi」が続き、「pi」が来れば「ro」という音節が続く。連続音声「tupiro」のあと、実験刺激の中から別の語が出てくる（例、golabu, bidaku, padoti）。ただし、「tupiro」のあとに現れる確率は、〇・三（つまり、三十パーセント）にする（たとえば、「ro」のあとには「go」か「bi」か「pa」のいずれかの音節が来る）。

創作した語の音節の遷移確率は、単語内の音節の遷移は必ず生じるが、語と語をまたぐ場合は、三回に一度しか生じないので、確率はずっと低いということになる。つまり、非常に高い頻度で共起する音節の組み合わせと、共起頻度がずっと低い音節の組み合わせがあるということだ。この実験は、先ほど「las palabras que oimos」の例で示したような状況を再現《シミュレート》しようとしている。確認すると、その傾向とは「pa」と「la」のような音節の続き方は「bras」と「que」のような音節の続き方よりも現れる傾向が高いということである。サフランたち研究者は、音節と音節の間にイントネーションや小休止を入れないようにして、音節の連なりを二分間赤ちゃんたちに聞かせた。実は、録音音声は合成音声生成装置で作成されたので、その音声の聞こえ方は、知らない言語の歌を聴くときに聞き取れるよりも多少劣るものだった。

八ヶ月児は、このような音声の規則性を計算し、音声の連なりからパターンを抽出して、ある音節同士は必ず共起し、ほかの組み合わせは共起頻度が低いと分かるものなのだろうか。もしその通り、赤ちゃんに確率の計算、厳密には音節の遷移確率の計算ができたとしたら、赤ちゃんは、「tupiro」という音節の連なりはいつも生じる（つまり、単独で語となる）が、「rogola」という連なりが生じるのはずっとまれで、単独では語にならないと分かるということになる。そうであれば、赤ちゃんには、語を検出する分節化の方法[1]として発話の中に存在する統計的規則性を習得する能力があると言えそうだ。

ここまでは分かりやすかったので、この実験がシンプルで洗練されていると納得してもらえると思う。しかし、八ヶ月児にどうやって尋ねるのだろう。その方法は、文節の連なりを二分間聞かせてから、実験刺激が語になっている場合と語にならない場合で赤ちゃんの注意の向け方がどうなっているかを観察するだけでよい。もし赤ちゃんがどちらの実験刺激に対しても同じように反応した

（1）これは、使われる可能性のある方法の一つにすぎず、これだけでは音声の分節化プロセスを説明するのに十分とは言えないだろう。実のところ、赤ちゃんは音声に含まれるその他の手がかりにも頼っていることが分かっている。たとえば、強勢（ストレス）のある音節と無強勢（ストレスのない）音節の入れ替わりや音節の長さがある。

ら実験は失敗で、より高い頻度で共起する音節を赤ちゃんが分かることを示したことにはならない（が、もしそうだったら、おそらくこの研究を取り上げていないだろう）。ところが、赤ちゃんは練習段階で、語を形成する実験刺激よりも語を形成しない方により注意を向けたのだった。なぜそれが分かるかというと、後者の実験刺激を聞いているとき、赤ちゃんはより長い時間音源を見つめ、気をそらすことが少なかったからだ。ちょうど赤ちゃんは、練習段階で聞かされていたにもかかわらず、語として分節化されていない音声に驚いたように見えたのだ。そのような驚きの仕草のもとは次のようなことにある。赤ちゃんは練習段階では統計処理装置として機能し、無意識のうちに呈示される単調な音声の連なりの間の遷移確率を計算していた。

そうすると、赤ちゃんの頭の中で起きたことはこうなる。もし「tu」という音声がきたら、「pi」と「ro」が続いて来る可能性が高いぞ。そうして、これは何か一まとまりになるもの……語に違いない。もし「ro」が来たら、「go」が来ることはなさそうだ。だから、「rogola」は語ではなさそうだ。赤ちゃんはただ食べて、寝て、それから……と思っていただろう。でも、考えなおさないと！今度赤ちゃんを見たら、自分の前にいるのはパワフルな統計処理コンピュータなんだと覚えておこう。

時間をかけてサフランたちの研究を詳しく見てきたのは、この研究がこの種の実験のよい例で、赤ちゃんはどんな音韻的手がかりを使って、聞こえてくる音声信号を把握するのかを知ることができるからだ。このような研究のおかげで、赤ちゃんが、音声信号に含まれる多くの規則性に敏感であることが分かってきた。そのような規則性には、ある特定の言語で可能な言語音の組み合わせ（「音素配列規則」と呼ばれる）、イントネーションやアクセントのパターン、言語音の範囲などがある。このような規則性に対する感度は年齢によって変化するが、どれも赤ちゃんが発話から語を切り出してレキシコン、すなわち心的辞書を形成するのに役立つのである。

どうしてこんなことされないといけないの?……二つの言語のつじつまがあわなかったらどうなる?

言語習得の最初の数ヶ月間で音声信号を解読する作業がこんなに難しいなら、二言語に同時に触れる赤ちゃんはさらなる難題に直面するはずだ。すでに見たように、どの言語にもある種の音韻的規則性があるが、それが必ずしもいつも言語間で共通しているとは限らないし、事実、そんなことはない。ある特定の言語において可能な音の組み合わせの例に戻ろう。スペイン語では「str-」で始まる語はない。したがって、この言語に十分慣れ親しんでいる赤ちゃんには、「risas stristes（悲しい笑い）」には少なくとも二つの語が含まれていて、「s」と「t」の間に切れ目、少なくとも音節の切れ目があると考えるようになる。一方、英語には「str-」で始まる単語が数多くある（例、strong, stream, strange など）。なので、「s」と「t」の二音が別々の音節や語の一部になると判断する傾向は、英語に触れている赤ちゃんにはないはずだ。このような赤ちゃんにとっては、「four streets」という音の連なりには「s」と「t」の間に語の切れ目があると思ったら、間違った解釈になってしまう。というのは、「fours treets」という語があることになってしまうからだ。さて、ここで次のような問題が生じる。スペイン語と英語に触れている赤ちゃんは、これをどう扱うのか。この二つのどちらの分節化を行うにせよ、もし正しくない方の言語にそれを用いたら間違いになってしまう。混乱したら大変なことになるが、現実には赤ちゃんが二つの言語に接していてもそれほど問題なく統計的規則性を導き出せるようになるようだ。

その一方、片方の言語には当てはまるがもう一方の言語には当てはまらない音韻的特性がある。たとえば、中国語やベトナム語のような「音調言語」では、同じ音節が異なる音調をとり、それによって指すものが違ってくる。つまり、ある音節を高い音調で発音するか低い音調で発音するかで違う意味になるということだ。これが「対比的特徴」と呼ばれるもので、音調（音声を発するときの基本周波数）が語を区別するために用いられている。スペイン語では、語を発音するときに音節にかける強さが対比的特徴になり、「アクセント」と呼ばれる。どの音節にアクセントがおかれるかだけで別々の語になるものがある。たとえば、「sabana（シート）」と「sabana（サバンナ）」がそうだ。音韻的対比については、あとで戻ってきてもっと述べようと思う。

中国語の音調も、音韻的対比の単位という意味でアクセントと同じようなはたらきをする。中国語（標準語、官話）には音調が少なくとも五つある。たとえば、「ma」という音節は、どの音調が使われるかによって次の五つの異なるもの・ことを意味する。「母」「麻痺」「馬」「叱る」語気助詞の「ま」。実際、「ma」を使って「绕口令（raokouling）」つまり早口ことばを作ることができる「mama qi ma, ma mam, mama ma ma」だ。その意味は「母が馬に乗る、馬は遅い、母は馬を叱る」となる。ところで、この音調というものが世界の言語の中では稀な特性なのではと思ったのなら、実に四十%の言語に音調があると知ったら驚くに違いない。しかし、音調はカタルニア語や英語やその他多くのインド＝ヨーロッパ言語では対比的ではない。音節を異なる音調で発することは可能だが、語の意味に違いを生じるかという点からは意味を持たない。スペイン語では、「pan（パン）」はどういう音調で言っても意味に違いは生じない。だから、標準中国語を聞いて育つ赤ちゃんは、音節がどの音調で発音されたかを聞き分けられるようになる必要があるが、スペイン語で育つ赤ちゃんは、少なくとも意味の違いにつながるものとしては、音調を無視するようになる必要がある。バイリンガルの赤ちゃんにとっては、これはもう一つの難題だ。

当たり前のことだが、ゆりかごにいるときから二つの言語を聞いている赤ちゃんは、発話音声の中に含まれている手がかりが一方の言語には有効だが、もう一方にはそうではないことを学ばなければならない。しかし、そのためには、赤ちゃんはまず二つの言語が話されていることが分からなければならない。つまり、自分はバイリンガルの環境にいるということを知らなければならないということだ。そして、そのことが分かったら、こんなふうに思うかも知れない。「どうしてこんなことされないといけないの？　もう今でも大変なのに！」

「あっ、わかった！　パパとママはことばが違うんだ」

読者も想像できると思うが、バイリンガルの環境で育てられる赤ちゃんがどんな不満を持っているかを当てるのは、なかなかやっかいなことだし、それほど科学的に面白いこととも思えない。結局は、二言語を聞いて育つ赤ちゃんは、なんの問題もなく両言語を習得するようになる。なので、（少しは）そのことについてぶつぶつ言うかも知れないが、それなりにうまく環境に順応してバイリンガルになっていくわけだ。もっと興味深いのは、一方の親の口から出る耳慣れない音声がもう一方の親の発音と特性が異なるということを、赤ちゃんはいつ、どのようにして分かるようになるのかという疑問だ。別の言い方をすれば、赤ちゃんには、自分のまわりで二つの言語体系が使われていると分かるのか、ということだ。答えに進む前に、少し横道にそれて、私たちは生まれたときから音声信号に反応する感覚を持っていることを見てもらいたい。

イタリアのトリエステにいるマルセラ・ペニャたちの研究では、新生児に音声信号を聞かせたときの脳活動を計測した。具体的には、新生児の左半球に言語処理の優位性がどの程度認められるかを知ろうとしたのである。この左半球の言語優位性は一般的に成人に見られるものだ。そのためにペニャたちは、睡眠中の生後二日から五日の赤ちゃんに、二種類の異なる刺激を呈示したときの脳活動を計測した。まず、通常の言語発話を聞かせた。これには、自分の子が実験に参加していない母親に物語を読み上げてもらった録音を聞かせた。次に、それと同じ物語の朗読音声を逆再生して聞かせた（つまり、音声信号は最後部から初頭部へと再生された）。当然、二番目の刺激は、通常の発話と多くの点で音響的特性（例、音量など）は共通しているが、それが「ことば」にはなっていないことはすぐに分かる。一定の年齢以上だったら、カセットレコーダーのプレイボタンと巻き戻しボタンを同時に押したときに出る音を思い出すかも知れない。まあ、二つ目の刺激はそんな音ということだ。

生後二日の脳にこの二種類の音声刺激を聞き分ける能力があるのか。答えは「イエス」である。通常の発話音声を聞かせた場合、脳内の酸素消費で測った赤ちゃんの脳活動レベルは、逆再生の場合よりも高かった。さらに、この二種類の音声刺激の間の脳活動レベルの差は、ほとんど大脳左半球で見られた。一般的に言語処理に深く関わっているのが左半球だ。したがって、新生児の脳は、この二種類の音声刺激に対して異なった反応をしただけでなく、選択的に反応していたのは言語処理に最も深く関係している半球だったのだ。このような結果が示すことは、私たちの脳は、言語を解読するように生れながらに一定方向に偏っているということである。この二種類の刺激（通常の発話と逆再生の発話）を区別できるからといって、新生児が二つの言語を区別できるということにはならない。

相当数の研究が明らかにしているように、生後数時間であっても、赤ちゃんはかなり違う発音の言語なら聞き分けることができる。そう、そう、その通り、生後そんなに早くに。さらに、この能力は、赤ちゃんが出生前に対象となる言語に触れていなくてもいいのである。スペイン語を話す母親を持つ新生児は、たとえばトルコ語や日本語を聞き分けることができる。当然だが、自分が聞いているのがトルコ語だとか日本語だと分かるわけではないが、この二つの言語が別ものであること、というより、ことばの響きが違うということは分かるのである。これでもまだ驚かないというならこちらはどうだ。ある種のサルやネズミでさえ、音韻的特性が大きく異なる言語であれば聞き分ける能力があるという。このことから、ヒトに備わっている、言語処理につながる能力はヒト以外の種にも存在するが、その他の種では結果的にヒトの言語ほどには高度に発達しなかったと推測することができる。

ここでちょっと立ち止まって、新生児が二つの言語を区別できるかどうか、どうやって知ることが可能なのかを考えてみよう。赤ちゃんにどうやって聞いたらよいのか。この疑問を含む多くのケースでは、赤ちゃんがさまざまな刺激にどのくらいなじんでいるかで赤ちゃんの反応が変わることを利用する。赤ちゃんに何かの刺激を繰り返し（実際のところ、赤ちゃんがそれに飽きるまで）呈示し続けると、その後、刺激を呈示したときの反応は、繰り返し呈示したものと同じ刺激か異なるかで変わってくる。一般的に、赤ちゃんは新しい、馴染みのないもの（これまで見たり聞いたりしたことのないもの）へ強い興味（選好）を示す。つまり、新しいものと古いものが呈示されたときでは、赤ちゃんの振る舞いに違いがあるので、赤ちゃんがどんな情報を処理しているのかを知ることができるのだ。呈示する刺激にどのくらいの時間、注意を向けているかを測れば、赤ちゃんの選好を探ることができる。刺激が新しければ新しいほど、長い時間赤ちゃんは視線をそこに向けるというわけ。新しいのはカッコイイというわけだ！

生後数時間以内の新生児を対象にした研究では、おしゃぶりを使う方法が用いられる。この方法は、赤ちゃんに生まれつき備わっている吸引（吸啜）反射を利用したもので、この反射は赤ちゃんの注意の度合いにうまく対応している。何かに注意を向けるほど、よく吸引するのである。赤ちゃんに、たとえば「バ、バ、バ、バ、バ」のような繰り返しのある刺激を聞かせ続けると、吸引の回数が下がったり、吸う力が弱くなったりするのが分かる。吸引率は、赤ちゃんが吸引するたびにその記録をつける電子おしゃぶりで計測する。これはまったく非侵襲的方法なので、心配ご無用。それは普通のおしゃぶりにセンサーをつけたもので、毎回の吸引の特性が計測できるようになっている。吸引の回数が減ってきたら、赤ちゃんは「もう分かった、ずっと同じものを聞かされてもう聞き飽きちゃった」と言っているようなものだ。そうなったら、呈示する刺激を変えてやると、赤ちゃんは退屈しなくなって、吸引回数が増え始める。そう、「新しいのはカッコイイ！」だ。もちろん、そうなるのは赤ちゃんが、前の飽きてしまった刺激と新しい刺激の違いに気がついたときだ。もしその違いが分からなければ、赤ちゃんは退屈したままだ。先ほどの例に従って言えば、「バ、バ、バ、バ、バ」の連続音声に「パ」の繰り返しを挿入すると、吸引回数は上がるはず。そうなれば、赤ちゃんはこの変化、つまり、繰り返し呈示で飽きてしまった刺激音声「バ」と新しい音声「パ」の違いに気づいたと言える。実際、これから見るように、この手法を使って分かったことは、生後間もない赤ちゃんは世界中のあらゆる言語の音声を聞き分ける能力があるということだ。

赤ちゃんにどんなものを区別できるか「尋ねる」方法が分ったので、今問題になっていた疑問に戻ろう。赤ちゃんには二つの言語、たとえばトルコ語と日本語の違いが分かるのだろうか。それを確かめるために、一方の言語（例、トルコ語）の文を次々聞かせる。あらかじめ決めた時点で、同じ言語の文かもう一方の言語（この場合、日本語）の文を聞かせる。もしこの二つの言語の間で吸引の仕方が違えば、赤ちゃんが言語の聞き分けができたことが明らかになる。

この手の研究は、私の恩師ジャック・メレールが先駆者だが、それによって生後間もない時期にどんな種類の言語を聞き分けることができ、どんな言語はできないかが明らかになった。また、言語を音韻的特性、つまりどんな響きなのかによって類型化する助けにもなった。繰り返しになるが、異なる言語の間の音声的類似性が、赤ちゃんにとってすべて同じように重要とは限らない。やりたいのは、赤ちゃんが言語を聞き分ける際にどんな特性に注意を向けるかを見つけることだ。なぜなら、それを通して、言語習得にはどのような音韻的特性がもっとも重要なのか、なんらかの情報を得ることができるからだ。研究から今分かっていることは、音韻特性の異なる語族に属する言語を聞き分ける能力は、非常に早期に現れるということである。たとえば、オランダ語の音声と日本語の音声を区別するのは比較的やさしい。一方、音韻的に同じ語族の二つの言語の音声を聞き分ける能力は少し遅く現れ、実際のところ、少なくとも一方の言語は赤ちゃんが馴染んでいるものでなければならない。たとえば、イタリア語圏の赤ちゃんはスペイン語とイタリア語を区別することができるが、スペイン語とカタロニア語を区別するのはずっと難しい。この三言語はどれもロマンス語族に属するのだが。したがって、ある言語をそれと類似する言語と区別するのには、その言語に聞き慣れていることが不可欠なのである。

新生児が二つの言語を聞き分けることができるからといって、バイリンガルの赤ちゃんは何も混乱しないというわけでない。そんな保障はないのだ。赤ちゃんが、普段聞き慣れていない類似性の低い言語を聞き分けるのと、そのような言語を聞いたときにある程度混乱するのは別の話である。さらに、二つの言語が音韻的に共通する語族に属していれば、混乱はもっと大きいだろうと想像してもおかしくない。二つのものが似て見えれば見えるほど、同じものに見えてしまうということだ。ここで疑問なのは、二つの言語に触れていると、言語を区別する能力の助けになるのか、じゃまになるのか。そして、それはどの程度なのかである。

この問いに関して手元にある情報は幾分限られているが、ヌリア・セバスチャンたちの研究のおかげで分かったこともある。生後四ヶ月のスペイン語とカタロニア語のバイリンガルの赤ちゃんは、この二言語ほどに似ている言語を聞き分けることができるという。事実、スペイン語しか分からないモノリンガルの赤ちゃんにもこの能力がある。ただし、バイリンガルの赤ちゃんとモノリンガルの赤ちゃんではやり方が違う。モノリンガルの赤ちゃんは、音源が自分の母語（第一言語）のときの方が知らない言語のときよりも、音源に素早く視線を向ける。説明しよう。この研究では、図1・2のように、赤ちゃんが音源の方向に体を向けるのにかかる時間を計測した。手順はまず、コンピュータスクリーン上に画像の刺激を呈示する。赤ちゃんがその刺激を注視する、つまり、数秒間それに視線を固定したら、スクリーンの脇にあるスピーカーの一つからフレーズが流れる。スピ

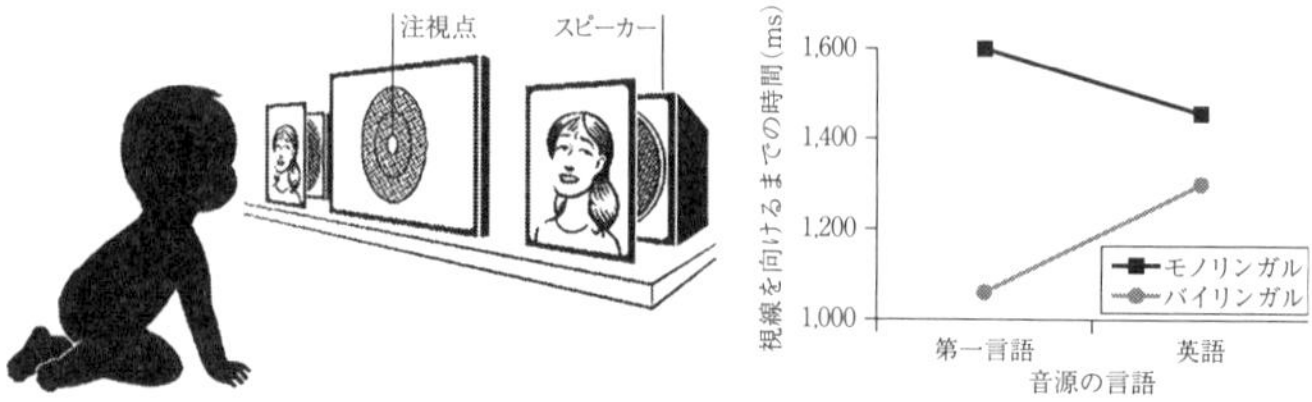

図 1.2　実験の様子の一例（左）。グラフ（右）は、モノリンガルの赤ちゃんとバイリンガルの赤ちゃんが自分の第一言語または英語に注意を向ける時間を示す。見てわかる通り、モノリンガルの赤ちゃんは自分の第一言語に素早く注意を向けるが、バイリンガルの赤ちゃんは外国語の方に早く注意を向ける。

ーカーの前には女性の顔の絵がおかれている。フレーズは赤ちゃんの母語（第一言語）か赤ちゃんの知らない言語である。実験の結果、モノリンガルの赤ちゃんはフレーズが母語で話されたときの方が知らない言語で話されたときよりも素早く音源に目を向けた。バイリンガルの赤ちゃんではそれとは逆のことが起こった。この現象について、説得力のある説明はまだないが、バイリンガルの赤ちゃんは、聞こえたフレーズが二つの言語のどちらなのかを考えている（その分、余計に時間がかかる）のかもしれない。しかし、これは仮説に過ぎない。ここで先ほどの疑問との関連で重要なことは、バイリンガルの赤ちゃんには、自分の二つの言語とそのほかの言語を聞き分ける能力があることが分かったということだ。

出生前のバイリンガル経験

言語の識別について最後に触れておきたいことは、出生前の言語体験の影響だ。そう、読み間違いではない、「出生前」だ。基本的に一つの言語しか話さない母親の胎内にいるのと二言語を話す母親の胎内にいるのでは、おそらく違いがあるだろう。出生時に赤ちゃんはすでに母親の音声と他者の音声を聞き分けることができることが知られている。事実、赤ちゃんは自分の母親が発した語の方を見知らぬ人が発したものよりも好むことが示されている。これはそれほど驚くべきことではない。というのは、赤ちゃんは九ヶ月ほど母親の声を聞いているのだし、胎内の音響条件は理想的ではないとしても、何か聞いているに違いないからだ。確かに、話をしている人が自分の母親か他人なのかが分かるのは、生存の観点から言っても有利だ。ところが、新生児は自分の母親の声に選好を示すだけではなく、妊娠期間に母親が使っていた言語に対しても選好を示すのである。妊娠中スペイン語を話していた母親を持つ、生後二日の赤ちゃんは、それが他人の声であってもスペイン語のフレーズを聞くのを好む傾向があり、英語話者の母親の赤ちゃんは、英語のフレーズを聞くのを好む。どうも胎内にいる九ヶ月間の効果は大きいようだ。

生まれる前に自分の第一言語を「聞き慣れる」のが本当なら、それが二言語だったらどうなるのだろう。赤ちゃんは、自分には母親が二人いると思うのだろうか。胎内で聞いていることばは同じ言語のものだと勘違いしないだろうか。この二つ目の可能性は、赤ちゃんが聞いている音声が同じ人のものだということを考えれば、もっともだ。しかし、どちらの可能性も正しくないという結果が出ている。ある研究では、妊娠中タガログ語（フィリピンの主要言語）と英語を使っていた母親の赤ちゃんは、どちらの言語への選好も示さなかった。これは、赤ちゃんは両言語を識別できなかったということなのだろうか。あるいは混同してしまったのか。それはともかく、妊娠中に英語だけを聞いていた赤ちゃんは英語への選好を示す。ということは、バイリンガルの赤ちゃんは二言語を混同していたのでも、母親が二人いると思ったのでもないということだ。タガログ語にも英語にも選好を示さないが（両言語とも母親が使っていたのだから、そもそもどうしてどちらかを好む道理があるだろうか）、おしゃぶりを使った吸引実験で計測すると、この二言語の違いを認識しているという証拠が出てくる。つまり、出生前に二言語を聞くことによって、赤ちゃんが混乱することはなく、母親は妊娠中好きな言語を話してまったくかまわないのである。もう感づいていたことと思うが、それで問題はないのだ。

人は発音のみで生きるものにあらず。口の動き見て察せよ

言語は基本的に音声を介して伝えられる。私たちはおしゃべりで一日の多くの時間を過ごし、たまに耳を傾ける。これは、読み書きを習ってからも、さらにＬＩＮＥなどの書いて伝える新しいコミュニケーション・ツールにハイジャックされてしまっても変わることはない。覚えているだろうか、私たちは「トーキングヘッズ（語り手）」であって「ライティングヘッズ（書き手）」ではないのだ！　あるいは、チャールズ・ダーウィンが『人間の由来』（一八七一）でみごとに著したように、「小さい子どもがかたことを話すのを見れば分かるように、人間には、言語を話そうという本能的傾向が備わっている。それに対して、どんな子どもも、酒を醸造したり、パンを焼いたり、字を書いたりする本能的傾向を備えてはいない」[2]。

私たちがしゃべるとき、聴覚信号は一般的に、知覚に影響を与えるいくつかの手がかりも発している。誰かに話をするとき（もちろん、電話でなければだが）話し相手の口の動きを見る。唇と発声にともなう部分の動きを見るわけだ。聞いて理解するのが難しい状況ではこれがもっと顕著になる。背景の雑音（例、バーやコンサート会場にいるとき）がやかましかったり、理解するのが難しい第二言語でやりとりする場合などがそうだ。たとえば、映画を見ていて音声と映像が合っていないと、「聴く」と「見る」をやっていることに気がついたことがあるに違いない。音声と映像にほんのわずかでもズレがあると、イライラしてしまう。このことは、人間は、誰かと話をしているときに視覚情報と聴覚情報をほとんど自動的に集めていることを示している（もしちょっと面白い経験をしたければ、マガーク効果（McGurk Effect）という視聴覚の錯覚現象を試して見るとよい。視覚情報と聴覚情報の自動処理を示すのにぴったりな例だ。YouTubeで「マガーク効果」と検索すれば動画を見ることができる）。

しかし、これがバイリンガル赤ちゃんとどんな関係があるのだろうか。実は、赤ちゃんも言語を識別するときに視覚的手がかりを使っているようなのである。生後四ヶ月から六ヶ月の赤ちゃんは、フランス語か英語を話している人の動画を音声なしで見るだけで、どちらの言語を話しているかを区別することができる。この能力は、二言語に触れている赤ちゃんだと生後八ヶ月まで持ち続ける

（2）［訳注］チャールズ・ダーウィン、長谷川眞理子（訳）（二〇一六）『人間の由来（上）』講談社。

ことができる。一方、一言語だけしか触れない赤ちゃんではそんなには続かない。普段二言語に触れていることが、言語を聞き分けるのに必要な発話の際の唇の動きに集中する能力を伸ばしたり、長続きさせる助けになるようだ。

事実、生後間もない頃から発話の口の動きに注意を向けるという傾向は、バイリンガル環境で育つことと関連しているようなのだ。生後四ヶ月のバイリンガルの赤ちゃんは、モノリンガルの赤ちゃんよりも長い時間、自分に話しかけてくる人の口に目を据える。この傾向は少なくとも一年は続く。このことから、二つの言語にさらされるという複雑な状況にある赤ちゃんはコミュニケーション行動からできる限り多くの情報（聴覚的なものであれ視覚的なものであれ）を引き出し、二つの言語を識別しようとしているのではないかとみることができる。赤ちゃんはただ食べて、寝て、……と思っていただろうが、いやいや、ジャンプの用意ができたも同然なのだ！

バイリンガルの赤ちゃんが、視覚的手がかりだけから二つの言語を区別できるという事実はそれほど驚きではないかも知れない。あなた自身やってみていただきたいのだが、テレビの音声を消して、映画の中の俳優が何語を話しているかを当ててみてほしい。幸運を祈る。しかし、二言語に触れることで、口の動きを読み取る能力はさらに伸びる。生後八ヶ月で、スペイン語とカタロニア語のバイリンガル児は、一度も聞いたことのない二つの言語（フランス語と英語）を視覚的に区別できることが明らかにされた。しかし、モノリンガル児（スペイン語あるいはカタロニア語）は区別できなかった。口の動きを見るのを好むバイリンガルの赤ちゃんに何かが起きているらしいのは疑いない。

言語音のレパートリーを組み立てる

この章は、一つの言語の中の言語音がそれぞれ持っている統計的規則性を見い出す、赤ちゃんの能力を探る研究の話から始まった。すでに見たように、この能力は言語を分節化し、語として成り立つ音節の組み合わせを見つけるのに大変役立つ。この能力の発達に類似しているが、赤ちゃんは、「音素」という言語に存在する特徴的な音を学ぶ必要がある。音素とは、二つの語を区別する最小単位の音のことだ。たとえば、bat, rat, cat, mat といった語は、最初の音素だけが違っている。たとえば「b」と「r」の違いは「対立する」と言われる。というのは、一つの音素を何か別の音素と入れ替えると、ちょうど中国語の音調の場合と同じく、別の語になってしまうからだ。対立する音素をうまく習得できないと「rice（米）」と言うところを「lice（シラミ）」と言ってしまうような誤りを犯すことになりかねない。こんな間違いを聞いたことがあるだろうか。これについては後で詳しく述べる。

赤ちゃんが習得しはじめの最初の数ヶ月にする主なことの一つは、耳に入る言語の「音素目録」と呼ばれるものを作ることだ。別の言い方をすれば、赤ちゃんは両親の口から発せられる音を全部習得しなければならないということである。

赤ちゃんは、生まれながらに、人間のあらゆる言語に存在する音韻的特徴を習得する能力を持っている。もしそうでなかったら、前に述べたように、習得不可能な言語は消滅してしまう。だから、私たちには驚異的に見えても、たとえば生後六ヶ月の赤ちゃんは、一度も聞いたことのない言語の音声を聞き分けることが、その言語にずっと触れていた赤ちゃんと同じくらいの正確さでできる。中国語を第一言語とする成人の中には「l」と「r」の区別ができない人がいるが、中国語の環境に生まれても赤ちゃんには問題にならない。

しかし、この音韻対立を認識する能力は、赤ちゃんが成長するにつれて低下する。第一言語習得に関する古典となったジャネット・ワーカーらによる研究では、年齢の異なる赤ちゃんが自分の第一言語（母語）の言語音と聞いたことのない言語の言語音を区別できるかを調べた。この研究では、ヒンドゥー語では二つの音素であるが、英語では音素となっていない言語音を区別できるかを、英語環境かヒンドゥー語環境のどちらかで育っている六ヶ月から十二ヶ月の赤ちゃんを対象に検証した。つまり、この二つの言語音はヒンドゥー語では意味を区別するが、英語ではそうではないので、ヒンドゥー語を習得中の赤ちゃんには、この二音の違いはそれぞれ別々の語になるという意味で重要であるが、英語にしか触れていない赤ちゃんには、そのような違いは意味がない。実際、英語に慣れている赤ちゃんはこの重要ではない違いを無視する方がよい。実験の結果、生後六ヶ月の赤ちゃんは、母語がどちらであっても、言語音を聞き分けることができた。ところが、生後十二ヶ月になるまでには、ヒンドゥー語に慣れている赤ちゃんしか、この二つのヒンドゥー語の音素を区別することができなかった。ということは、実験刺激の二つの言語音の違いが意味を持たない言語にわずか十二ヶ月間さらされるだけで、この二音を聞き分ける能力は失われる（あるいは、少なくとも著しく低下する）ということだ。この例から、私たちの言語音を聞き分ける能力からみると、時間の経過は非常に重いと言える。

このような結果や発見は、次のような理由で重要だ。まず、少なくとも生後六ヶ月くらいまでは、赤ちゃんは一度も聞いたことのない言語音の違いが検知できるということだ。二つめに、この能力は、問題となる音素対立を日常的に聞かなければ早い段階で失われてしまう。さらにこの検知能力を失うのにあわせて、赤ちゃんが普段聞いている言語の音素については、微妙な違いにも敏感になっていく。この現象は「知覚狭小化」と呼ばれ、すでに見たように、二つのことが暗示される。ある言語を習得していくと、その言語の音韻要素を処理する能力は高まる一方で、別の新しい言語の音韻要素を処理する能力は低下するということである。一見、知覚がこのように適応してしまったら不利だと思うだろうが、実際は大変優れた機能なのである。というのも、これによって「小麦ともみがらを分ける」、つまり、自分のいる環境の中にある意味のある情報（小麦）に注意を向け、その反対に意味のない情報（もみがら）を無視することができるからだ。ところがこの知覚狭小化には代償もある。それは、第二言語で見られる外国語訛りは、ごく幼少期からその言語に馴染んでいないと、その言語の音韻的要素を処理する能力が低下していることが原因で生じると言えそうなことである。

二つの異なる言語を処理することが知覚狭小化に重大な影響を与えると考えてもおかしくない。

つまり、バイリンガルの赤ちゃんは二言語に接しているので、音の多様性が高まり、それぞれの言語にとって意味のある情報に気づきにくくなる可能性があるという考えだ。しかし、知覚狭小化は、バイリンガルでもモノリンガルでも、大体同じくらいの年齢で見られる現象なので、二つの言語に触れるからこのような言語の音韻処理能力の発達が影響を受けるとは言えそうにない。

実際のところ、二言語に触れることによって音韻体系の仕組みが変わってしまうということもないようなのだ。たとえば、ある研究ではフランス語と英語のバイリンガル児は、生後十二ヶ月で両言語で見られる音素対立を区別することができた。これは、英語モノリンガル児がすでにできるのと変わりがない。バイリンガル児の脳は機械のようにはたらくというのは本当だ。

音韻体系の発達段階にあるバイリンガル児が直面する問題として、ある二つの音素が、それぞれ二つの言語に含まれていて、非常に似ているが微妙に違うということがある。例として英語とスペイン語の/b/という音素を考えてみよう。一見すると、この二つの音素は同じように見えるが、まぎらわしい。スペイン語の/b/は、口を開く前から有声化する傾向があるが、英語の/b/にはない。「有声化」とは、口を開けて発音するちょっと前に声帯の振動が始まることを言う。自分で試してみよう。手を喉に当てて/a/の音を発声しないで/pa/という音節を発音してみよう。声帯が震えないのが分かるはずだ。少なくとも、母音/a/を発音するまでは声帯は振動しない。今度は、音節/ba/と発音してみよう。唇を開く前、声帯が少し振動するのに気づくだろう。これが/ba/と/pa/の違いである。前者は口を開く前に有声化するが、後者ではそれがない。ミリ秒単位で生じる微妙な違いなのである。

英語の/b/とスペイン語の/b/の発音の仕方の違いを覚えるのはとても難しい。これが外国語訛りの理由の一つになる。バイリンガルの赤ちゃんは、どのようにこのような状況を克服するのだろうか。生後十ヶ月のバイリンガル児はこの二つの/b/を聞き分けられることが分かっている。これとは対照的にモノリンガル児にはできない。どのような/b/の発音も同じで、おそらく自分の母語の/b/のように聞こえるのだろう。モノリンガル児は/b/のどんなバリエーションも同じ音素のカテゴリーにまとめているのだ。一方、バイリンガル児は英語の/b/とスペイン語の/b/という二つのカテゴリーに分けている。そうなると、ここから明らかなことは、バイリンガルの赤ちゃんはそれぞれの言語についてそれ固有の音韻体系を組み立てることができるということだ。

大体生後九ヶ月の赤ちゃんは、音素配列規則への感受性をある程度示すのに十分な言語経験をしていると言われる。これが妥当だと信じられる理由は、赤ちゃんは母語で高い頻度で生じる音列を含む語の方を出現頻度の低い音列よりも好んで聞くことが示されているからだ。バイリンガル児の場合、前と同じような状況に直面している。つまり、モノリンガル児に比べて二倍の作業が必要で、一つの言語について導き出した統計的情報をもう一つの言語と混同しないようにしなければならないのである。

赤ちゃんはこのような規則性を別々に組み立てることができるのだろうか。この問題について現在までに得られた情報は非常に限られている。バルセロナで行われた研究では、スペイン語またはカタロニア語のモノリンガル児が、カタロニア語の音素配列としてあり得る音列（つまり、当該の言語でよく生じる音列）を、あり得ない音列と比較して、どれくらい好んで聞くかを調べた。結果は明らかだった。生後十ヶ月の段階で、カタロニア語しか聞き慣れていない赤ちゃんは、カタロニア語で可能な音列への選好を示したが、スペイン語にしか慣れていない赤ちゃんはそのような選好は示さなかった。ここまでは、すべて納得できる結果だ。赤ちゃんはインプットされたものに触れ続ければ分かるし、触れなければ分からないということだ。では、バイリンガルの赤ちゃんはどうか。カタロニア語を母語とし、それを聞き慣れているバイリンガル児は、カタロニア語モノリンガル児と同じような結果であった。バイリンガルの環境で育っていて、スペイン語の方が優位な赤ちゃんは、カタロニア語の音列に対してそのような選好を示さなかったのである。この違いは、優位でない方の言語で赤ちゃんに与えられる言語のインプットの量の違いに起因する可能性がある。この言語インプットの量の差が、少なくとも、生後一年以内という早い時期では、両方の言語の音素配列規則の発達に影響を及ぼすようだ。

単語は何を意味する？

ここまで、赤ちゃんがどのように発話音声を分節化して、語になりそうな音のつながりを見つけていくのかを見てきた。本当のことを言えば、ちょっとごまかしがある。ただし、ほんのちょっとだ。つながりやすい音の組み合わせを「認識すること」と、通常「語」の定義にそってそれが語であると「分かること」は別ものなのだ。前のところで引用したゲーテのドイツ語のフレーズでは、どの文字列がまとまりになっているかは分かったが、それがどういう意味なのかは分からなかった。ということで、語を見つけていたわけではない。ここから、問題になっている音のつながりが語だと「分かる」とは、その音のつながりを現実世界の対象――それがモノでも考えでも性質でも――に結びつけることだと分かる。だから、言語を学ぶときには、「dog」という音がつながりになって頻繁に現れることに気づくだけでなく、このつながりが私たちが大好きな飼いならされた動物を指すことを見出さなければならない。

すでに見たように、生後六ヶ月の間赤ちゃんは、音声信号の中によく現れる言語音のパターンを認識するのが割と得意である（「tupiro」という音列を覚えているだろうか）。そして、実際、生後これくらいですでに、こういった言語音のつながりが非常に頻繁に現れるものなら、そのいくつかはそれが指すもの（こと）と結びつけることができる。親ならよく知っていることだが、生後一年半くらいになると語彙習得が非常に進む。この時期、子どもはより一定の早いペース（平均すると週に十語くらい）で語を習得していく。これはしばしば「語彙爆発期」と呼ばれる。しかし、これは、この年齢で子どもが「発話すること」のできる語彙数を指しているのであって、もっと低い年齢ではこれらの語彙の多くをまだ習得してはいないとか、「聞けば」その語だと分かると言っているのではない。つまり、子どもが語彙を発することができるのと、聞いてそれが理解できるのは別ものということだ。

ブリティッシュ・コロンビア大学のジャネット・ワーカーたちの研究を見ると、研究者たちがどうやって赤ちゃんのこのような能力を調べているのかが分かるだろう。ワーカーたち研究者は、何歳くらいで赤ちゃんは単語とそれが示すものを結びつけられるのかを調べようとした。そのために、赤ちゃんに見知らぬものを二つとそれに対応する二語を教えた。最初のトレーニング・セッションでは、赤ちゃんは、新しいもの（オブジェクト1）を見せられる。同時に、新しい語（ワード1）を聞かされる。次のトレーニング・セッションで、もう一つのもの（オブジェクト2）ともう一つの語（ワード2）が呈示される。これでマッチングができた。ちょうど、羊がペアになっているようなものだ。見たいのは、赤ちゃんがこのことに気がつくかどうかである。もし気づけば、ものと単語がマッチしないと、つまり羊がペアになっていないと、赤ちゃんは驚きを示すわけだが、これがまさに実験で見られたのである。トレーニング・セッションの後、赤ちゃんにそれぞれのオブジェクトをそれを指し示す語またはそうでない語といっしょに呈示した。すなわち、オブジェクト1はワード1（オブジェクトと一致する語）といっしょに呈示されるか、ワード2（一致しない語）といっしょに呈示されるのである。オブジェクト2もワード2（一致する語）かワード1（一致しない語）のいずれかといっしょに呈示される。結果は明らかで、オブジェクトと単語が不一致の組み合わせのときの方が、一致する組み合わせのときよりも長い時間オブジェクトを見続けていたのである。言い換えれば、オブジェクトが、学習したときと違う言語ラベル（つまり、単語）といっしょに現れたことに驚いたということだ。まさに単純明快ではないか。興味深いことに、このようにオブジェクトの見方に違いが出るのは一歳を過ぎてからで、一歳前では生じないのだ。

研究の話がここまで辿りついたので、次の疑問を出すことができる。ものとそれを指す語を結びつける能力は、バイリンガルの赤ちゃんではどの程度見られるのか。バイリンガルの赤ちゃんとモノリンガルの赤ちゃんとの習得メカニズムの違いは、いくつかの理由で比較的大きいと考えられる。定義から言って、バイリンガルの赤ちゃんには、どのようなものもそれに結びつく単語が二つはある。一つの言語のことばともう一つの言語のことばだ。そうすると、バイリンガルの赤ちゃんは、モノリンガルの赤ちゃんよりもっと多様性のある言語的刺激を受けていることになる。事物と新たな語の結びつきに関する研究によると、生後十四ヶ月で、バイリンガルとモノリンガルどちらの赤ちゃんも、トレーニング・セッションで作られたオブジェクトと単語の結びつきが合わないと驚きの表情を示す。さらに、どちらのグループも生後十二ヶ月では、そのような驚きの表情は見せず、バイリンガルとモノリンガルのどちらにも共通の発達の道筋があるらしいのだ。ということは、バイリンガルという言語経験が、事物と語をつなげる能力に影響を及ぼすことはないようなのである。

しかし、バイリンガルとモノリンガルでは、新しい語を習得するときの習得方略には一定の違いがあるようだ。その一つが相互排他性方略（mutual exclusivity strategy）と呼ばれるものだ。この方略は、どの子どもも大人もみな持っているバイアスによる。それは、現実世界にあるどんなものでも、それを指し表すことばは一つだけしかないというバイアスである。これによって赤ちゃんは、次のような仮定をして考えることができる。もう知っているものに対して、すでに知っていることばではない別のことばを誰かが使ったら、そのことばが指し示しているのは、そのものの部分だとか、材料だとか、性質だとか、何か別のことなのだと。この相互排他性方略は、赤ちゃんがことばの曖昧性を解消する能力を発達させる助けになる。この能力は、新たに触れる語を新たなものを指すことばだとして結びつけるのに大変役立つ。たとえば、十八ヶ月の子どもにふたつのものを見せたとする。一つは子どもになじみのもの（例、ぬいぐるみのウサギ）で、もう一つは現実世界には存在しないもの（例、サイとカエルの合成のようなもの）だ。そこで、新しいことばを言うと、子どもは自分が知らないもの（「サイガエル」）の方に目を向け、知っているものの方にはあまり目を向けないという傾向が見られる。それは、まるで「新しいことばを聞いたけど、ぼくの前にあるフサフサした耳の大きなものが『ウサギ』というのは知っているから、この新しいことばは今教えてもらったばかりのそっちのものを指すに違いない」と理解したようなものだ。これは語彙を増やすのにはよい方略に違いない。

またしてもだが、バイリンガルの場合は事情はもう少し複雑だ。というのは、バイリンガルの子どもにとっては、事物に結びつく語は二つあることがあるからだ。つまり、新しいことばもぬいぐるみのウサギを指している可能性がある。ただし、別の言語で。そうなると、相互排他性の原理を使うのは、バイリンガルの赤ちゃんにとってはリスクがある。事実、ことばの曖昧性解消能力は、バイリンガル、特に三言語以上話すマルチリンガルの子どもでは劣るとする研究がある。すなわち、新しいことばが示されたとき、なじみのないものに目を向ける傾向がバイリンガルの子には見られないのだ。さらに、曖昧性解消能力がどれくらい発揮されるかは、親の報告をもとに考えると、赤ちゃんがすでに訳語をいくつ知っているかに左右されるらしい。二言語の間の訳語を多く知っている子どもほど、曖昧性解消能力を使うことが少ないという傾向を示す。したがって、バイリンガルという環境で言語経験を積み、同じ事物を指す語を複数学習すると、相互排他性方略は使いにくくなるようだ。これはもっともなことではある。

残された疑問は、バイリンガルの赤ちゃんはほかにどんな方略を使って、相互排他性方略を使う回数が減る分を埋め合わせるのかだ。私は「埋め合わせる（compensate）」という語を使っている。なぜなら、赤ちゃんが知っている語彙数を数えると、その結果はバイリンガルの赤ちゃんの方がモノリンガルの赤ちゃんよりもたくさん知っていると出た。これをもう少し説明しよう。バイリンガルの赤ちゃんが、それぞれの言語で知っている語彙数はモノリンガルの赤ちゃんが知っている数よりも少ない。しかし、知っている語彙の総数、つまりそれぞれの言語で知っている語彙を合計すると、バイリンガルの赤ちゃんの方がモノリンガルの赤ちゃんよりもたくさん知っているということになる。さらに、一つの言語では知っている語彙数が少ないといっても、バイリンガルの赤ちゃんは、ことば――すなわち、「dog」や「chien」という語――につながる概念（意味）をあまり知らないということにはならない。この点では、バイリンガルとモノリンガルの子どもでは差がなく、概念（意味）と語を同じくらいの速さで結びつけることができる（ただし、両言語で同時にできるとは限らない）。だから、バイリンガルの赤ちゃんが語彙の獲得が遅いといって心配する必要はない。単に習得する語が二倍あるというにすぎない。この話題は第三章でもう一度触れる。

言語習得には社会的接触が不可欠

高校生のころ、こんなことが言われていた。授業の録音を流しながら眠ると、眠っている間に身につくと。こんなバカバカしい学習方法を誰が考え出したか知らないが、外国語の学習にも使えると思ったにちがいない。告白すると、私は高校で英語を学んでいるころに一度やってみた。もらった英語の成績から見れば、私にはこの学習法はあまり効果がなかったようだ。なぜこんな話をするかと言うと、生後本当に間もない時期から第二言語を習わせたいと思う親が多いからだ。このような状況があるので、ときおり、英語で絵を見せれば、赤ちゃんがどうやって英語を覚えるかすぐ分かると言うように、ただ英語に触れさせていれば、外国語が習得できると考える親が出てきてしまうのである。とにもかくにも、もし赤ちゃんが、ほぼ自動的といえるくらい効率よく言語音声から統計的な規則性を見つけ出せるものなら、なじみのない音声信号にただ触れているだけでそれを習得できると考えるのも無理のないことだろう。残念ながら、できそうに思えるかもしれないが、それはほぼ不可能である。ある言語が話されている環境にいるだけではそれほど効果はない。実際のところ、社会的なインタラクションが言語習得の土台であり、言語音声のようなものの取得でもそうなのだ。例を見てみよう。

ワシントン大学のパトリシア・クールが行った研究では、外国語の音声の習得を調べた。クールは、英語モノリンガルの生後九ヶ月の赤ちゃんを二つのグループに分けて、成人のチューターがいっしょに遊んだり読み聞かせをしながら赤ちゃんとインタラクションするという学習法を考案した。

一方のグループでは、チューターは中国語（赤ちゃんが一度も聞いたことのない言語）で赤ちゃんに話しかけ、もう一方のグループ（統制群）ではチューターは英語を話した。四週間続いたこの学習期間（インタラクション期間）のあと、中国語には存在するが、英語には存在しない音韻的対照を聞き分けられるかを分析した。中国語を聞かされた赤ちゃんはこの対照を聞き分けることを習得できていただろうか。答えは「できていた」で、この赤ちゃんたちは統制群の赤ちゃんたちより弁別の成績がよかっただけではなく、十ヶ月も中国語に触れていた子どもと同じくらいに成績が良かったのだ。

この結果は大変興味深い。というのは、幼児はなじみのない音声を短期間に確実に習得できる（少なくとも習得が上達する）ことを示しているからだ。これはいいニュースだ。しかし、もし音韻的対照をそんなに簡単に習得できるなら、チューターは必要ないのかも知れない。音声のパターンを習得するのには、幼児に外国語を聞かせるだけで十分で、大人が相手になる必要はないのかも知れない。この仮説は追実験で検証された。今度は、もう一つの赤ちゃんグループに先ほどの学習法を修正した方法が使われた。違いは、今度は赤ちゃんはテレビに映ったチューターを見るか、画像なしでチューターの音声録音を聞いたというところだ。赤ちゃんが聞いた音声情報は、大人が相手をした元の実験のものとまったく同じだった。つまり、対照となる音声を弁別するのに使える情報は、最初の実験のときと同じということだ。追実験が異なる部分は、赤ちゃんの相手になるチューターがその場にいなかったという点だけ。今後は、赤ちゃんは外国語の音韻的対照を学習することができるだろうか。

答えは、「できない」で決まりだ。つまり、音声を聞かせるだけでチューターがその場にいないと、中国語の音韻的対照を聞き分ける能力は、前の実験で英語だけ聞かされた赤ちゃんとまったく同じだったのである。この結果から、社会的なコミュニケーションは、外国語の習得に不可欠で、その言語の環境にいるだけでは習得に結びつかないと言えそうだ。その理由は、幼児の動機や注意のレベルは、誰かとやり取りしているときの方が、受動的に情報を受けているときよりずっと高いからだ。だから、もし本当にあなたの子どもに外国語を身につけさせたかったら、その言語でやり取りすることだ。テレビの動画が、代わりにやってくれるなどと思ってはいけない。ことわざにあるように「No pain, no gain（苦労なくして得るものなし）」なのだ。

言語からその人の社会的背景が分かる

第一章を結ぶ前に、いくつかの研究を紹介して、社会的観点から言語を使うことがいかに重要か、そしてそれが第二言語を使う上でどのような結果を生むかを述べておきたい。

自分との関わりにおいて周囲の人々にどんな特徴があるかで、私たちは否応なく社会的状況を切り分けている。私たちは、肌の色や性別、服装や、当然ながら言語などを考慮する。そうして自分たちと似た人々なのか、自分たちとは違う人々なのかを判断する助けにする。良くも悪くも（特に、自分たちのようでない人々を軽んじることにつながるなら、それは悪だ）、人間はそのようにふるまう。

ここで興味をひく疑問は、子どもたちは言語の特徴をどの程度利用して、誰を仲間に入れるかなどの社会的関わり方に反映させるのかだ。

次の、単純だがうまく工夫された実験を考えてみよう。英語を話す五歳児たちに、話をしているほかの子供たちの顔を見せ、どの子を友だちにしたいかと尋ねる。顔は隣同士ペアで見せる。実験の「トリック」は、一つの顔は英語を話し、もう一方は外国語（フランス語）を話すということだ。子どもたちはどちらを選ぶだろうか。大部分は、英語を話す顔に好感を示し、外国語を話す方には示さなかったように見える。もちろん、子どもたちはフランス語が分からないので、ことばが分かる方の子どもと友だちになろうとしたと思うだろう。しかし、これには続きがある。二つ目の実験では、同じ顔が呈示されるが、今度は両方とも英語を話す。ただし、ネイティブのアクセントか外国語（フランス語）アクセントで。子どもたちはフランス語訛りの英語を理解するのに何の問題もなかったが、相変わらず、英語を第一言語とする子どもを友だちに選んだのだ。言い方を変えれば、「外国訛りがあるから、きみ（あなた）は、ぼく（わたし）の仲間ではない！」さらに、外国語訛りで話す子どもと外国語で話す子どもを比べると、子どもたちは自分たちが理解できる（外国語訛りがある）方を好むことが示された。

私たちが誰とつきあおうかを決めるときに考慮する要因の一つは、その人たちが話す言語と、その言語を使うときに出る訛りだ。しかし、社会全体ではこれがどのように決められるのだろうか。子どもがどの子と友だちになりたいかを決めるときに肌の色と言語がどの程度影響するかを調べた研究がある。結果は驚きだった。子どもたちは、自分たちと同じ肌の色と訛りを持った子どもを相手に選ぶ傾向が強かったのだ。しかし、この二つの特徴が食い違うときはどうなるだろうか。自分と同じ肌の色で外国訛りのある子どもを選ぶのか、それとも肌の色は違っても外国訛りのない子どもだろうか。結果はどうだったかというと、圧倒的に外国訛りが分かれ目だった。子どもたちは、英語母語話者であれば、肌の色の違う子どもと遊びたがることが分かった。同じ肌の色の子どもとよりもむしろ外国語訛りのある英語を話す子どもの方を好むのだ。別の言い方をすれば、子どもたちの好みは、他の子どもの肌の色よりもどのような話し方をするかに左右されるということだ。

これと似たような、社会的識別子としての言語の重要性を明らかにした研究は他にもある。まだ分からないのは、バイリンガル話者は、社会的特徴としてどの言語を使うかについてより柔軟性が高いかどうかだが、この疑問は第五章でもう一度扱う。

ここまで、生後間もない時期の言語習得にかかわるいくつかの側面を見てきた。その中でも、バイリンガル児にとって特に困難と思われる側面を取り上げた。その中には、言語の区別や統計的規則性の抽出、音韻レパートリーの獲得、語の意味の確立、語彙獲得などが含まれる。その結果分かったことをまとめると次のようになる。一般的に、バイリンガル経験によってこのような側面の習得に重大な遅れが生じることはなく、モノリンガルであってもバイリンガルであっても同じくらいの時期に、これらの言語発達の段階に達する。しかし、そのような節目に到達する仕方にはある種の特殊性があることも見てきた。

このような要因がどのように影響し、バイリンガリズムがどのように言語習得過程を「調整」するのかといった疑問はまだ多岐にわたってある。バイリンガルの赤ちゃんを扱う際の複雑さを考えると、この分野の研究を進展させるのはチャレンジングなことだ。すでに述べたように、二言語を使う人は増加しているが、バイリンガリズム（二言語使用）が均質的に広がっていて、バイリンガルの特徴が類似している赤ちゃんが多くいる社会を見つけるのはまだ困難だからだ。おそらく最も大きな妨げになっているのは、この手の研究は「基礎研究」とみなされることだろう。このような研究から得られた知見はすぐには何かに応用ができないと思われるのだ。残念なことだが、そのため多くの人が恥ずかしげもなく「これに一体どんな意味があるの？　モノリンガルの赤ちゃんと比べてバイリンガルの赤ちゃんがどうだこうだというのがどれだけ重要なの？」と言う。私は、このようなバイリンガルの研究が確かに価値のあることだと読者のあなたに納得してもらいたいと思う。

『ゴッドファーザー・パート2』に戻ると、ヴィトー・コルレオーネはシチリア生まれだから、バイリンガルとして育っていない。一方、彼の子どもたちの何人か、マイケル、サンティノ、フレド、タリアはバイリンガルとして生まれたはずだ。言語習得の上で子どもたちが経験した困難は父親が経験したものとは異なっていた。何も悪いことは起こらなかったと言える。少なくとも言語習得に限ればだが。ヴィトーがエリス島を通過してからどうなったかは本題とはほとんど関係がない。詳しい話は、コッポラ監督の作品を観ればよく分かる。

第二章　二つの言語、一つの脳

いやはや、脳は一つだけなのに、二つの言語を学ばないといけないとは

進化によって何百万という種が誕生した（そのほとんどは絶滅してしまったが）。進化は、共通する特徴は多くあるが、多様性に富む生物を発生させた。そのような多様性はあるのだが、いまだに私の大好きな種、バベル魚は（私たちが知る限り）発生していない。この生き物は、英国の作家、ダグラス・アダムスが、彼の傑作『銀河ヒッチハイク・ガイド』の中で創造したものだ。まだこの作品を読んでいなかったら、本書を置いて、買いに出かけるんだ……それから後で、「宇宙の果てのレストラン」で会おう。バベル魚についての詳細はこうだ。(3)

（3）［訳注］ダグラス・アダムス、安原和見（訳）（二〇〇五）『銀河ヒッチハイク・ガイド』河出書房新社。

『銀河ヒッチハイク・ガイド』が静かにしゃべっている。「バベル魚は小さく、黄色く、ヒルに似ていて、おそらくはこの宇宙で最も奇妙な存在である。宿主の発する脳波エネルギーのほか、宿主の周囲に存在する脳波エネルギーを食べて生きている。脳波エネルギーから無意識の精神波を吸収したのち、その残りかすを宿主の精神に向けて排泄するのであるが、その排泄物は精神波格子――すなわち意識的な思考波と、それを発した脳の言語中枢から拾われた神経信号とが織りなす格子――をなしている。実用面から言いかえれば、耳にバベル魚を入れたとたんに、どんな言語で言われたこともただちに理解できるようになるということである。実際に耳にする言語パターンは、バベル魚によって精神波格子に変換されたのち、宿主の脳に送り込まれるのである。

バベル魚なんて面白くない生き物だなどと言わないでほしい！　宇宙でこれ以上はない変わった生き物……こんな生き物が本当にいたらどれほどの問題を解決できるだろうか。少なくとも年末が近づいてきても、英語教室の申し込みをするという新年の抱負を守らなかったと悔やまなくて済む。魚ストアに行くだけで、問題解決だ。

バイリンガル話者は、バベル魚ではない（誰かの耳のそばでささやく習慣もない）が、共通点もある。どちらも脳の中に二つの言語に対応する言語の表象が形成されている。つまり、バベル魚が一つの言語からもう一方の言語に通訳できるのは、その小さな脳の中に両方の言語を備えているからにほかならない。そして、バイリンガル話者は二つの言語を話すだけで宇宙に存在するあらゆる言語を話すわけではないが、疑問は同じだ。一つの脳に二つの言語が共存できるのはどうしてなのか、そして、両言語を使い続けるとその結果どうなるのか。この章では、この問題とそれに密接につながるそのほかの問題を取り上げる。

脳がどのように高次の認知能力を維持しているのか、あるいは我々研究者の言い方で、認知機能（言語もその一つ）がどのように大脳皮質に表象されているのかを研究するのは実に複雑を極める。脳、および言語、記憶、注意、感情などの認知的基盤は研究が難しい。その理由はいろいろあるが、このようなはたらきに関わる認知過程は、互いに独立したものではなく、複雑なかたちで互いに作用し合うからだ。非常に感情的な刺激に突然興味をそそられたときに、感情システムが注意システムと絶えずどのように交互作用しているかを考えてみよう。たとえば、にぎやかなパーティに出て、会話をしようと思ったときのことを思い出してみよう。多分、あなたに話しかけている人に注意を向けるのがやっとで、周囲で交わされている他の会話はみんなバックグラウンド・ノイズのようなものだろう。ところが、もし近くで会話している人があなたの名前を言ったら、それに気づくに違いない。ということは、自分がしている会話以外は雑音のようなものでも、耳は自分の名前を聞き取り、そちらの会話に注意を向けさせるのである。そう、自分の名前は高度に感情的な刺激なのだ。私たちには、他の人々が自分のことを何と言っているかがとても気になるのだ。

さらにやっかいなことに、認知と脳の関係が分かってくればくるほど、高次の認知機能は、脳のいろいろな部位の神経回路に分散していることが分かってくる。とは言え、このような各々の機能に対する重要性が部位によって差がないというわけではないが、脳と認知の関係は私たちが考えるよりもずっと複雑なのである。脳をオーケストラに見立てることができるだろう。オーケストラでは、楽曲のハーモニーやメロディやリズムを作る上で異なる楽器が重要性を強めたり弱めたりする。

長年にわたって、言語が脳にどのように形成されているかは、脳障害を負った人々の言語行動の研究を通して得られてきた。このような言語障害は「失語症（aphasia）」と呼ばれる。脳障害はさまざまな原因から生じる。腫瘍、感染、先天性形成不全、脳卒中、神経変性疾患、外傷性脳損傷などがある。脳のどの部位の損傷がどのような言語行動を引き起こすのかを研究することが、言語学や認知心理学で提唱された言語の認知機能モデルと神経的基盤とを関連づける基礎となっていた。しかし、この三十年間、神経イメージング技術の進歩によって認知神経科学が劇的に発達した。たとえば、テキストを読んでいるときと、絵の名前を言ったり、フレーズを聞いたり、週末の計画を考えているときを比較して、脳のどの神経回路が活性化しているかを分析できるようになった。

特定の部位での酸素消費を計測したり、ニューロン（神経細胞）の束によって生じる電気的活動を記録することで、これらの課題によって引き起こされた脳活動を記録することができる。加えて、時間解像度と空間解像度は十二分に高い。このような手法を用いることによって、脳のどの部位がさまざまな言語処理と深く関わっているかを予測することもできるようになった。このような予測（仮説）を立てるのは、脳損傷患者の言語行動を調べるだけでは非常に困難だったたし、多くの場合、どこの神経組織が損傷を受けていたのかは患者が亡くならないと確実には分からなかったのである。では、二つの言語が一つの脳の中でどのように共存しているのかについて、このような研究がもとになって、どのように解明が進んだのかを見ていくことにしよう。

脳損傷とバイリンガリズム

二〇〇一五年、フォーミュラ・ワン世界選手権のシーズン前テストで、マクラーレンのドライバー、フェルナンド・アロンソが事故をおこした。カタロニアのムンマロ・サーキットで、カーブの防護壁に衝突したのだ。その結果、アロンソは脳震盪をおこし、病院に運ばれた。そこで二週間ほど経過観察ということになった。幸いにも、彼は見事に回復し、世界選手権に続けて参戦することができた。事故の原因はいまだに完全には明らかにされていない。一見したところ、アロンソほど熟練したドライバーが運転ミスをするのは奇妙だし、ミスならば重大なものだったはずで、クルマの技術的不具合ではないかとさまざまな憶測を生むことになった。私はそれほどモータースポーツ・ファンではないので、次のようなことがなければ、気にしなかったに違いない。事故原因についての噂といっしょに、こんなニュースが広がり始めたのだ。それは、事故直後、アロンソはイタリア語しか話せなくなったというものだ。イタリア語は、アロンソがフェラーリのチームの元ドライバーだったこともあって、言語知識もありよく使っていた言語だが、母語のスペイン語でも、チームのメンバーと日常やりとりするときに使う言語の英語でもなかったのである。このことはアロンソの奇妙な行動だとレッテルをはられ、「フェルナンド・アロンソ、目覚めはイタリア語で」などという見出しがあった。私が驚いたことの中にはこういうのもあった「フェルナンド・アロンソ、イタリア語を話しながら意識回復した最初のスペイン人アスリートではない」（ちなみに、もう一人は自転車競技のペドロ・ホリヨだ）。

私がこの報道に特に興味を持った理由は二つある。一つは、アロンソの奇妙な言語行動が非常に多くの人々（少なくともジャーナリストたち）の注目を浴びたということで、言語、そしてこの場合、バイリンガリズムに対する大衆の関心があることを示している。実際のところ、この手のニュースは、その当事者が有名人であろうとなかろうと注目を引くものだ。それは、意識不明状態から覚醒した時にスウェーデン語を話したというアメリカ人の報道からも分かる。愉快なことに、このようなニュースは、このアメリカ人は意識を失う前からスウェーデン語を知っていたのかとか、先祖がスウェーデン人だったのかといったちょっと変わった憶測を生むことがよくある。(4) ともかく、おそらく次のことは誰でも納得するだろう。脳障害によって突然新たな言語を習得することはないし、言語知識が遺伝子によって受け継がれることもない。少なくとも、今現在分かっている限りでは。

私がアロンソの件に特に興味を持つもう一つの理由は、本人がそのような状態が生じたことを否定したということだ。後に発表したコメントでアロンソはこう言っている。「すべてノーマルだ。私は一九九五年に覚醒したのでもなく、イタリア語を話して覚醒したのでもなく、報道されたようなことはなかった。私は事故のことも何が起きたかはすべて覚えている」。アロンソが目覚めたとき何分かはイタリア語しか話せなかったと誰かが言ったのはなぜかなどということは誰にも分からない。

脳障害によるバイリンガル話者の言語能力の低下についてどんなことが分かっているかを探っていく前に、少し時間を割いて神経心理学の基礎的な概念を定義しておくのがよいだろう。

私がハーバード大学でポスドクの仕事をしたとき、アルフォンソ・カラマザから最初に学んだことは、神経心理学には、非常に有益な情報をもたらす行動のパターンが二種類あるということだった。一方で、合併障害（associated deficits）というものがあり、脳の特定の部位に受けた損傷の結果として二つ以上の言語的機能障害が生じることをいう。たとえば、このような損傷によって、バイリンガル話者が、それぞれの言語で特定の機能障害を示した場合（例、語を復唱するのに困難がある）、両言語において機能障害の合併があると呼ぶ。つまり、二つの言語が脳損傷によって同じようにダメージを受けたということだ。もう一方、さらに興味深いのは、分離性障害（dissociated deficits）から分かったことだろう。想像してみてほしい。この場合、脳損傷の結果、一方の言語では何らかの言語障害が生じたが、もう一方の言語では生じなかったとしよう。別の言い方をすれば、この患者には、二言語の間に分離があるということだ。つまり、一方の言語で語を復唱する能力を例にとれば、もう一方の言語で語を復唱する能力とは切り離されているというわけだ。言語障害の

(4)　'An American Wakes Up with Amnesia Speaking Swedish', La Vanguardia, 7 July 2013.

分離現象は多くの情報を提供してくれる。というのは、患者が患っている脳損傷がどのようなものであっても、これによってある種の認知プロセス（言語Aで語を復唱する）はダメージを受けるが、他の認知プロセス（言語Bで語を復唱する）は障害を受けないということは、このようなプロセスは、ある程度認知的に独立した異なる脳の回路を基盤としていると考えられるからである。

次のような比喩が理解の助けになるかも知れない。クルマのフロント・ワイパーはブレーキとは独立している。なので、一つの機能は動くが、もう一方は動かないというケースがあり得る。しかしながら、どちらの機能も電気系統が正しく作動することが条件となるため、電気系統が故障すれば、ワイパーもブレーキもはたらかなくなる。最初のケースでは機能の分離があり、後のケースでは合併がある。これから、このような機能の分離の例を述べるが、後で、バイリンガリズムのケースで、これを見てみようと思う（このような機能の分離に興味があれば、オリバー・サックスの著作にうってつけのものがある）。

中高生には、語学のクラスは難しく、つまらないと感じる傾向があるらしい。特に、文構造の分析になるとそうだ。それについては、中高生は正しい。確かに、文の構造分析は難しいし、つまらないこともある。もしこのように語学を勉強させられたのなら、文（主語、述語など）をもとにツリー構造を作ったことを覚えているかも知れない。そのようなツリー構造を描くには、語の文法的カテゴリーと、文内のその他の語との関係からその語がどんなはたらきをしているのかを特定しなければならなかったはずだ。言語の使い方、少なくとも話しことばについてそれをしようとするともっと難しい。とはいえ、なんでもかんでもそんなに複雑なのかといえばそうではない。子どもが自然に身につけられることの一つに名詞と動詞の違いがある。何が名詞で何が動詞なのかを判断するのは、たとえば、限定詞や副詞や接続詞などを見つけるよりもずっと簡単だ。それはまるで、私たちは目的語になる名詞と行為を表す動詞の関係を自然に理解しているかのようだ。そして、実際のところ、名詞と動詞の言語学的差異はあらゆる言語に存在し、言語学理論の中で中心となる文法的性質なのだ。この差異は、ある程度、私たちの世界の見方あるいは概念の組み立て方を反映している。名詞はものごとを表し、動詞は行為を表すという傾向がある。あくまでも傾向があるということだが。この差異が言語を記述するのに便利だという事実に加えて、ここで私たちが知りたい疑問は、この差異がどの程度脳構造と対応しているのかである。つまり、動詞の処理を支える神経回路と名詞やその他の語の処理を支える神経回路の違いが一見はっきりしないということだ。

あとで分かったことだが、脳損傷を負った後、動詞よりも名詞の処理に苦労する人がかなりいる。加えて、別の患者では、それとは真逆なパターンで、名詞よりも動詞の処理で苦労する人もいる。健忘性失語症を患う人もいる。この失語症は、何か言いたいときに心的辞書（レキシコン）の語にアクセスしづらくなる症状を指す。簡単に言えば、健忘性失語症の人は、健常な人に比べてずっと頻繁に、ことばが「のどまで出かかっている（のに出ない）」という経験をする。想像してみてほしい。これがどれほど煩わしいか。患者に絵に描かれたもの（例、箒）の名前を声に出して言ってくださいと頼むと、よく健忘性失語症の症状を示し、何が描かれているのかはよく分かっているのに、ものの名前を思い出すことができなくなる。だが面白いことに、これと同じ状態のときにその名詞の語を使ってする動詞（例、掃く）を言えることがあるのだ。ということは、脳損傷が与えるダメージは、文法カテゴリーによって差があるということだ。これも少し前に紹介した「分離性障害」だ。このような症例から示唆されることは、名詞と動詞の違いというものは、言語学理論にとって意味があるだけではなく、実際私たちの脳は、このような差異を利用して心的辞書を組み立てているらしいのだ。この分離性の例はまたあとで戻ることにしたい。

ここで疑問になることは、バイリンガル話者の場合、脳損傷によって受けるダメージが両言語でどのくらい違うのか、また何か比較的変わらない傾向があるのかということだ。この問題に関する私の意見は、多分賛否両論あるだろうが、バイリンガル話者の場合どちらの言語も非常に類似したかたちで、また同程度の影響を受けるというものだ。つまり、一方の言語がもう一方の言語よりひどいダメージを受けるというケースはあまりなさそうということだ。もちろん、脳損傷を受ける前の両言語の知識が同程度という前提であるが。

この見方には賛否両論があると言ったが、それは、二つの言語では機能障害や回復が異なるパターンを示すことを数多く列挙しているバイリンガリズムや神経心理学の本があるからだ。たとえば、ミシェル・パラディスが行った分類では、言語機能回復を五種類に分けている。

・並列的回復（parallel recovery）：両言語とも類似した機能回復パターンを示す

・差別的回復（differential recovery）：一方の言語は損傷前の言語機能に近いレベルまで回復するが、もう一方の言語はそこに達しない
・拮抗的回復（antagonist recovery）：一方の言語の回復がもう一方の言語に負の作用をするというう奇妙なケース
・逐次的回復（successive recovery）：一方の言語が完全に回復してはじめて、もう一方の言語の回復が始まる
・混合回復（blended recovery）：両言語が不随意的に混合してしまい、結果、どちらも回復が阻害される

私は、このようなケースは存在しないとかあり得ないとか、興味を引かないと言っているわけではない（実際、後で見るように、極めて興味深いと思う）。私が言っているのは、両言語の並列的回復というケースがほとんどということだ。それに加えて、このような分離性障害を部分的にでも裏付ける症例は、統制された体系的な研究よりも臨床的観察（患者の損傷が急性の場合が多い）からの方が多く得られている。反面、これと矛盾する事実が見つかっていることも否定できない。ここで、バイリンガル話者の失語症研究は特に複雑だと言っておくのがよいだろう。というのは、多くの場合、損傷前の患者の言語能力がどれくらいのレベルだったのか、患者が言語をどのような目的で使用していたのかを正確に把握することが困難なためだ。状況をさらに複雑にしているのは、第二言

語を習得し始めた年齢や言語優位性（より流暢に使える言語）などの要因も、機能障害や回復のパターンに影響を与えることだ。

私の意見では、一番よくみられる言語機能劣化が並列的なパターンをとる理由は二つある。ひとつは、後で見るように、脳機能画像研究から、言語処理を支える脳領域は二つの言語で大きく重複していることが明らかになってきた。だから、そのように重複しているなら、少なくとも微細なレベルでは、多くの場合に両言語が同じように影響を受けると考えるのは理にかなっている。もう一つの理由は次のような事実と関係がある。多くの場合、言語障害は脳の複数の部位の損傷の結果としてもたらされるので、両言語が分離している可能性を見極めるのが難しい。したがって、原理的には、ある特定の神経回路がどちらか一方の言語のはたらきにより深く関わっている可能性はあるが、このような差異は顕微鏡レベルのものでしかない。

二言語が並列的に損傷を受けているという研究事例を二、三あげてみよう。まず最初の研究は、ある日曜日の午後、食事中に私の母が尋ねたことから始まった。質問は簡単で、「アルツハイマー病と診断されたお友だちがいるんだけどね。私はいつもカタロニア語で話しかけてたんだけど――それは彼女の第二言語なの――これからは何語で話すことになるんだろう、スペイン語、それともカタロニア語？」母の問いはよくある疑問だ。これを学術的な用語に変換してみよう。神経変性疾患の結果、言語はどのように機能低下していくのか。私の回答はとても単純だった。「分からないな。残念ながら、参考になるような研究はあまりないんだ」。

このテーマを扱った文献にいくつか当たってみて分かったことは、まだあまり疑問は解消されていないということだった。そこで、この問題を調べてみることにした。バルセロナのいくつかの病院の神経科と共同して、スペイン語とカタロニア語のバイリンガル話者を三つのグループに分け、その言語能力を評価した。これらのバイリンガル話者は、平均して五十年以上両言語を使っていて、どちらの言語にも精通していた。参加者のほとんどはバルセロナの都市部の住人で、そこでは日常的に両言語が使われている。二つのグループの参加者はアルツハイマー病と診断されていて、標準化された神経心理学的検査で軽度から中程度の症状とされた患者だった。三つ目のグループには、軽度の認知機能障害のある患者とアルツハイマー病とは診断されていない人々が入っていた。いくつかの異なる実験セッションで、参加者に絵を見せて、そのものの名前を両方の言語で言ってもらった。また、一方の言語で語を呈示してそれをもう一方の言語で言う翻訳課題もやってもらった。図2・1から分かるように、少なくとも明らかな結果が二つあった。一つは、神経心理学的検査で低い成績だったバイリンガル話者は、私たちが作成した言語課題でも成績が低かった。これはそれほど驚くような結果ではない。認知システム一般に障害があれば、言語にも影響があることは予測されることだからだ。もう一つは、認知機能の低下に伴う言語機能障害は、優勢な言語でもそうでない言語でも同程度だった。参加者は、（その言語を最初に習得していてもいなくても、またスペイン語であってもカタロニア語であっても）自分にとって優勢だという言語の方が課題成績が少しよかったが、並列的言語障害のパターンが見られた。それに加えて、両言語において参加者が犯した誤り

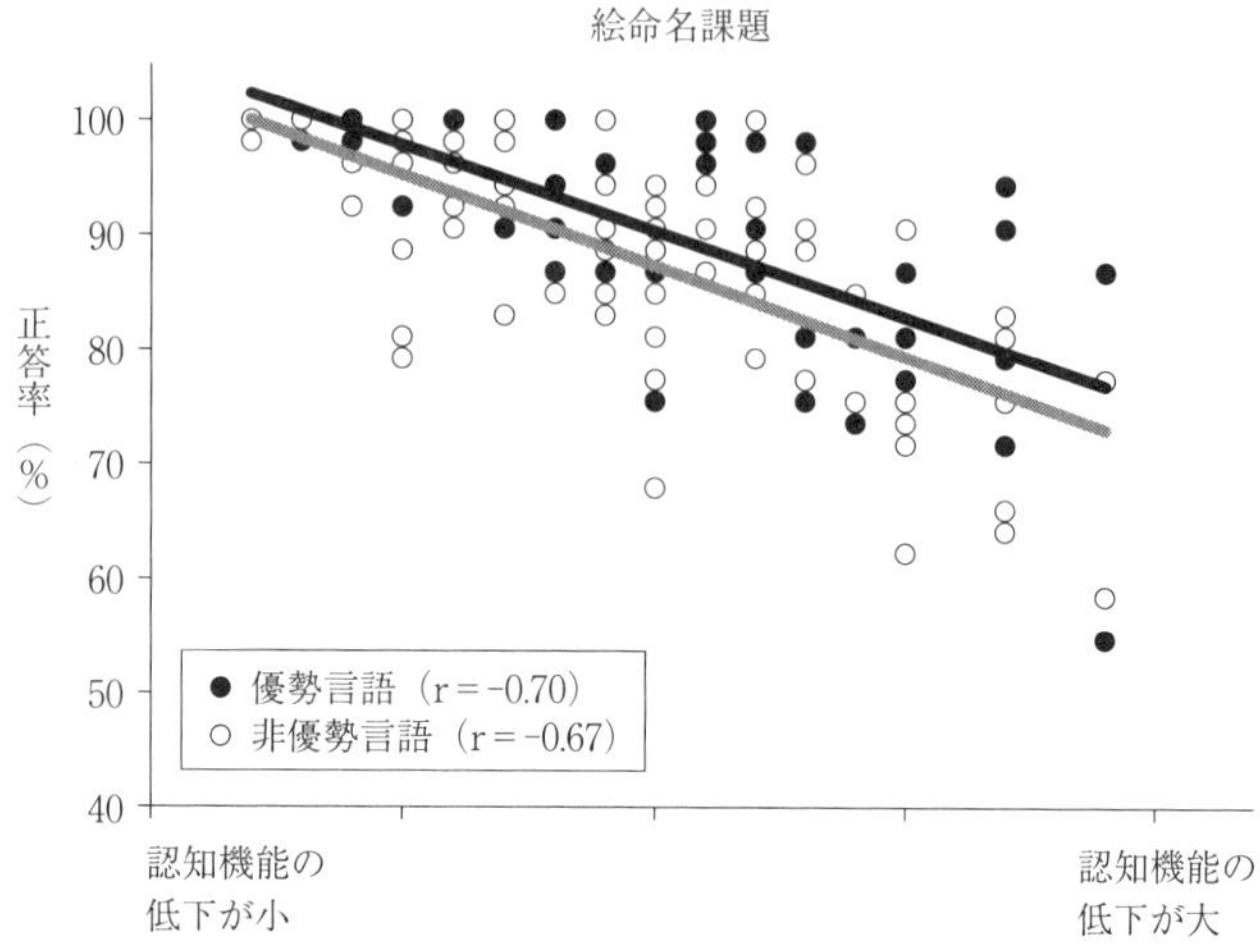

図 2.1　各々の円は、参加者の命名課題の成績を表示したものである。黒塗りの円は優勢言語での成績を示し、白抜きの円は非優勢言語での成績を示す。グラフの横軸は、参加者の神経心理学標準検査のスコアを示している。右に進むほど測定された認知障害の程度が大きくなる。認知障害がより大きいほど、命名課題成績が下がることが分かる。優勢言語と非優勢言語では傾きが似ており、認知障害の影響はどちらの言語でも類似していることを示している。

は類似していた。たとえば、意図しない言語による誤り（課題とは関係のない言語に訳すこと）の比率は、優勢でない言語で多かったが、機能低下のパターンは同じであった。ということは、疾病によって両言語で同じような形をとり、また同じペースで機能低下が生じていたということだ。これで、母に教えてあげられるようになった。お友だちは今まで通り同じ言語を使うことはできるが、それは大変になっていくだろう。

　二つ目の例は、前に触れた障害と関係があって、ある文法のカテゴリーに属する語は、他のグループに属する語に比べて、アクセスが非常に困難になるという機能障害である。覚えているだろうか、動詞よりも名詞の方が困難を伴う。この分離性障害の原因と語などの語彙項目がどのように脳に組み込まれているのか、やっと部分的に分かってきたところだ。しかし、この現象自体から、名詞と動詞の文法上の違いは、脳が語彙情報を構造化する際に考慮に入れる、少なくとも要素の一つと言って差し支えないだろう。バイリンガリズムの場合では、二つの言語は、同じ変数や次元に基づいて組み立てられているのかという疑問がある。約八年前、この疑問に取り組む機会を得た。原発性進行性失語症を患う五十五歳の男性が、親切にも協力してくれ、いくつかの言語テストを受けてくれた。この男性の病気は、神経変性のもので、最も目立った症状の一つが発病の初期から始まる言語機能の進行性の低下なのである。

　この男性が辛抱強くつきあってくれたおかげで、私たちは二年にわたって彼の言語機能を追跡することができた。これによって、病気が進むにつれて、言語機能がどのように低下していくのかを調べることができた。観察してすぐ気付いたことは、動詞を使う言語活動の方が名詞を使う場合よりも多くの問題が生じるということだった。誤りは基本的に名詞想起困難（舌先現象。「のどまで出《ティップ・オブ・》かかる《ザ・タング》」）によるものだったが、たとえば、リンゴの絵を見せられたときに「ナシ」と言ってしまうような、意味の誤りを犯すこともあった。さらに、第二言語（カタロニア語）の方が優勢な言語（スペイン語）のときよりも全般的に成績が悪かった。どちらの言語も四歳になる前に習得し、妻と子どもにカタロニア語を使っていたにもかかわらずである。さらに興味深いことは、名詞と動詞の分離性機能低下が両方の言語で見られたことだ。これは、例外的なケースではなく、実際、それ以前のケースでも見られたことを完全に補完する観察結果だった。前のケースでは、アルツハイマー病の患者がそれとは逆の症状を見せた。つまり、動詞よりも名詞の方で不釣り合いなほど大きな機能低下があったのだ。しかし、この場合も両言語で見られた。

これらの事例と類似の事例から、脳は二つの言語に同じ原則を適用して、語に関する情報――この場合、文法的カテゴリー――を組織化する傾向があることがうかがえる。言い換えれば、脳における言語の組織化にとって重要な特徴は、バイリンガル話者の二つの言語では同じということだ。そして、事実、この主張は、健常なバイリンガル話者が名詞と動詞を処理している間の脳活動を分析した研究の結果と一致するのだ。このような研究から、異なる大脳皮質領域が異なる文法カテゴリーの表象に対して及ぼす影響には、違いがあるらしいということが分かってきた。ここで言っておくべき重要な点は、こういった違いは第二言語でも観察されているということだ。

今述べてきたような研究は、ほんの部分的な例に過ぎない。このような多くの研究から明らかになったことは、二つの言語で並列的に生じる機能障害は、脳損傷に起因する最も一般的な言語障害のパターンであるということである。しかしまた、何らかの分離的機能障害を示す研究もある。

例として、次の症例を考えてみよう。ハイファ大学のラフィク・イブラヒムは、四十一歳の男性患者の言語行動を検査した。この男性は、一種の単純ヘルペスを原因とする脳炎によって脳に損傷を負っていた（そう、唇にできるのと同じヘルペスが脳まで広がって、重い障害を与えることがある）。

この損傷は特に左側頭葉に生じた。この脳部位は、とりわけ言語処理に深く関わっている。患者は、イスラエルのハイファ市内の高校の生物教師で、彼の第一言語はアラビア語だったが、ヘブル語も非常に堪能だった。ヘブル語は十歳で習い、学校と家庭で日常的に使っていた。患者が損傷を負ってから二年後、損傷した部位の摘出手術を終えてから、イブラヒムは、患者の両言語についていくつかの検査を行って、言語行動を探った。患者は、流暢に話すことはほとんどできず、発話が中断し、メンタル・レキシコン（心的辞書）から語を見つけ出すのに困難を覚える健忘失語症的状態を示した。しかし、ことばの流暢さの低下は、アラビア語よりもヘブル語を話すときの方が明らかに顕著だった。絵に描かれたものの命名課題を含む標準検査の成績はどちらの言語でも標準未満で、ヘブル語の方がずっと低かった。また、会話の理解力と読み書き能力は、ヘブル語の方がより損なわれていた。それでも、興味深いことに、語を単に復唱する能力はどちらの言語でも損なわれていなかった。患者は、三ヶ月にわたって両言語で集中的な言語療法を受け、両言語とも回復が認められたが、アラビア語の方がそれは顕著だった。このような結果から、イブラヒムは、それぞれの言語――この場合は、ともにセム系の類似した言語だが――に特化した言語中枢が大脳皮質に存在すると主張した。

次のセクションに進む前に少し時間を割いて、科学の発展のために、称賛に値する姿勢でこのような研究に協力してくれた人々とその家族のみなさんにお礼を述べたい。病気のために認知機能の劣化を患っているときにこのように協力していただけるのは、大変ありがたいことである。みなさん、心からありがとうございました。

二つの言語を画像化する

ほぼ二十年前、博士課程にいた頃、私はリサーチ・アシスタントとして、バイリンガル話者に関する最初期の研究に携わっていた。それは、脳の中で二つの言語がどのように表象されているのかを探ることを目的としていて、大脳皮質に表象された両言語に第二言語習得（開始）年齢がどのように影響するかを調べた。これには、ポジトロン断層法（ＰＥＴ）を使って、両言語とも非常に堪能なバイリンガル話者を対象とした脳の反応の分析が含まれていた。そのため、私たちは、第二言語習得時期が遅かった（十歳のとき）イタリア語と英語のバイリンガル話者と、第二言語習得時期が早かった（四歳のとき）カスティーリャ語とカタロニア語のバイリンガル話者を研究対象とした。私たちが直面した問題の一つは、その当時私たちの研究室にはこの脳画像化装置がなかったことだ。そこで、ミラノの神経科学者チームと共同で、ミラノのサン・ラファエル病院で実験を行うことになった。ということは、実験参加者はバルセロナからミラノまで旅行しなければならないということになり、参加者たちはロンバルディアで快適な週末を過ごすというおまけがついた。すべて科学のためという名目で。

バイリンガル話者が両言語を処理しているときの脳活動を測定する研究はこれまでたくさんある。測定にはさまざまな手法（機能的磁気共鳴画像法、ポジトロン断層法、脳磁図など）、実験手法、言語の組み合わせが用いられている。ここから先の話はかなり内容が濃いので、最初に、これらの方法によって今分かっていることを結論的に述べておく。それから、中身に入って行こう。

一般的に、バイリンガル話者が使う二言語が表象され、処理される脳領域は同じであると言えるだろう。まるで脳はどんな言語に出会っても関係なく、同じ方法でどのような言語シグナルでも処理するように備えているかのようだ。しかし、だからといって大脳皮質にどのように表象されているかに何も違いはないということにはならない。表象の仕方は、第二言語の習得開始年齢やその言語の習得レベルや第一言語と第二言語の類似性といった変数に左右されるからだ。さらにやっかいなのは、このような変数には複雑な交互作用があることだ。これが大ざっぱなまとめだが、もう少し深掘りしてみよう。

たとえば、次のメタ分析を見てみよう。これは、fMRIを使って、バイリンガル話者の使う二つの言語が大脳皮質にどのように現れるかを調べた十四の研究を比較したものだ。分析では、実験の参加者が第二言語の知識（言語能力）をどれくらい持っていたかによって研究を区別した。十四の研究のうち八件で、参加者は高い第二言語能力を持っていたと判断され、残りの六件では中級かそれ以下の低い言語能力の参加者だったと判断された。前者のグループでは、左半球の、前頭側頭葉を含む言語処理に関わると昔から言われている部位で高い脳活動が見られた。

プレート1（口絵）では、赤い領域は第一言語が、青い領域は第二言語がそれぞれ強く活性化されていることを示し、紫色の領域はどちらの言語が処理されるときにも活性化することを示している。パネルAは、両言語の能力が高い人の脳活動を表しているが、この脳内ネットワークに二つの言語の大きな重複部分があることが分かる。確かに、パネルAでは色がついた部分はほとんど紫である。つまり、第一言語に関係している部分は第二言語にも関わっており、またその反対も言える。他方、中級から初級クラスのバイリンガルの研究から得られた結果は、これと少し異なる。パネルBから分かるように、二つの言語の重複はずっと少ない。ここでしばらくその違いを考えてみよう。

パッと見ると、第二言語の方が第一言語よりも広く脳内ネットワークに分散しているように見える。つまり、第二言語の方が脳のより広い領域と関わっている傾向があるようだ。また、第二言語によって活性化される部位を、言語能力の異なるバイリンガル話者で比較してみると、言語能力の低い話者の方が右半球でより大きな領域を使っているように見える。これはまるで、そうすることによって機能を補完しているかのように見える。これは面白い結果だ。というのは、左半球（特に前頭葉）の領域に受けた損傷によって、右半球の対応する領域が左半球の機能をある程度肩替わりしているという臨床データがあるからだ。

もう一つ面白い発見がある。第二言語能力が低いバイリンガル話者だと、左上側頭回はあまり活性化しないのである。この脳領域は概念や意味の処理と結びついているとされてきた。一つの可能性として、言語知識が十分でない場合、この脳部位はあまり活性化しないと考えることができる。つまり、あまり流暢でない第二言語から引き出せる意味情報は、母語から引き出せる情報よりも少ないということだ。これはありうる。第二言語の能力が低ければ、背外側前頭前皮質（DLPFC）

や前帯状皮質（ACC）といった言語の統制に関わる領域の方がより活性化されるという結果もある。これは、第二言語を使うときには、注意の方により多くの資源が必要になるからと解釈することができる。要するに、このような研究結果は、言語能力があまり高くない第二言語の処理は負荷が高く、その結果、より広範囲の脳内ネットワークを動員する必要があることを暗示している。

ここまでの数パラグラフを読みながら、第二言語の語学レベルは普通、習得開始時期と結びついていると考えていなかっただろうか。必ずそうだとは言えないが、幼児期に第二言語を習得すると、さらに重要なのは継続して使うと、高い言語能力を身につける可能性が高い。ここで出される疑問は、この第二言語の機能の大脳皮質への「書き込み」が、言語能力のレベルに左右されるのは言うまでもないが、どの程度まで習得開始年齢によるのか、である。それについて言えることは、第二言語の言語能力のレベルと同じように、習得開始年齢も影響しているようである。たとえば、文を理解するというような、意味処理と文法処理を要する課題において、比較的遅い時期（思春期以降）に習得した言語は、ブローカ野や島皮質などの言語に関係する領域を、第一言語よりも強く活性化する傾向がある。事実、この結果は、第一言語の語彙処理に関する発見と一致する。遅い時期に習得した語彙（たとえば「スクリュードライバー」）は、幼児期に習得した語彙（たとえば「ウサギ」）よりも高いニューロンの賦活が生じる。特にこれは音韻処理と発話行動に関係する領域で観察される。二つの言語を生後まもなくから習得して、両言語とも高い能力がある場合には、このような言語間の差は生じないようなのだ。

この説明を前提として、第二言語の機能が大脳皮質に表象されているのかについて、次のように問うてもよいだろう。習得時期と身につけた運用能力では、どちらの効果が大きいのか。つまり、幼児期に習得することなのか、非常に高度に言語知識を持つことなのか、脳が第二言語の機能を持つにはどちらの影響が大きいのか。この疑問に答えるのは難しい。というのは、すでに見たように、この二つの要因には重要な相関関係があり、したがって、別々にその効果を評価するのが困難だからだ。さらに、この二つの要因は、さまざまな形でいろいろな言語の側面に影響を及ぼしている可能性がある。たとえば、高い言語能力を身につけた話者では、習得時期と関係なく、両言語の意味と概念の処理は非常に似通っていると言われている。しかし、統語処理を計測すると、いくつかの差があるようで、言語能力とは関係なく、第二言語の習得時期の影響が重要になるらしい。それでも、どちらの要因の方が、第二言語の脳内表象に及ぼす影響が大きいのかを答えるのは難しい。

第一言語よりも第二言語——とくにその語学力があまり高くない場合——の言語処理の方が脳の活性化が大きいのはなぜなのかについて、いくつかの説明がある。互いに関連するさまざまな要因がある。たとえば、二言語をコントロールするのにかかる負荷が大きいことや、第二言語の処理は自動化されておらず、そのために認知的努力が必要になることや、第二言語を話す運動機能の制御が大きな負荷になることなどである。

言語機能の脳領域を特定する

ここまで見てきたように、脳イメージング技術のおかげで、バイリンガル話者でもモノリンガル話者でも言語処理の基盤が発見できるようになってきた。このような技術を利用すれば、いくつかの言語活動にかかわる脳の領域を特定することができる。しかし、限界もある。中でも、ある特定の処理を行うのに「必須」の脳領域を特定することはできない。それを説明しよう。何かの処理（たとえば、第二言語の処理）をしているときに脳のどこかの部位が活性化することは別の話なのだ。脳とオーケストラのたとえに戻ろう。コンサートを鑑賞しているとしよう。バイオリンの独奏があるが、チューバやドラムなど他の楽器の伴奏もある。すべての楽器が自分のパートを弾いてはじめて、美しい音色になる。事実、音楽の専門家でない人には、よい演奏のためには、どの楽器も同じように必要と見えるかも知れない。しかし、バイオリンのソロは不可欠な役割を果たすが、チューバはそうではない。だから、もしチューバのパートが演奏しなくても、コンサートは「まあまあ良く」聞こえるだろう。しかし、バイオリンがなかったら、演奏はとてもひどいものになるだろう。おそらく、音楽に詳しい読者だったら、もうこれ以上本書を読む気がなくなっているだろう。しかし、これは単なるたとえなので大目に見てほしい。

ある処理をするのにどの脳部位が不可欠なのかを判別するには、（前に見たように）脳に損傷を受けるか、あるいは正常な機能を意図的に妨害して、その部位が正常に働かなかったらどうなるかを見る必要がある。現在、脳の特定部位の機能を妨害する、もっとも一般的な二つの手法は、経頭蓋

磁気刺激法と術中皮質電気刺激法である。

経頭蓋磁気刺激法は、金属コイルで磁場を発生させ、被験者の頭蓋に当てる方法だ。磁場は今度は脳内に電場を発生させ、それがニューロンの電気的はたらきを一時的に妨害する。この刺激には痛みはなく、ニューロン機能の変化も一時的なものなので、心配は無用だ。つまり、この手法によって、大脳皮質の正常なはたらきを妨げることができるというわけだ。もう少し大袈裟な言い方をすれば、これによって、健常者に対して短い時間仮想的に脳損傷を生じさせる（そして、ときには、脳機能を高める）ことができるようになり、行動指標で得られた結果を分析できるようになった。これは重要なことだ。なぜなら、刺激を受けたニューロンと、それによって生じた認知的機能の間に因果関係を導くことができるようになったからだ。重要なことに、この手法はうつ病や偏頭痛やてんかんなどの症状に対して、治療の目的でも使われる。現在のところ、バイリンガル話者の場合に言語がどのように脳に組み込まれているのかという問いをこの手法で探究した研究は、数が少ない。しかし、実験結果が示すところでは、一時的にどこかの脳部位（たとえば、前頭前皮質）が妨害されると言語をコントロールできなくなることがある。そうすると、無意識のうちに言語を混同したり、程度の違いはあれ、一方の言語へのアクセスが妨げられることだってある。たとえば、背外側前頭前皮質に刺激を与えると、言語を切り替えるタイミングや、他方の言語からの干渉を避けるときに問題が生じる。これは、まるで刺激を与えられた被験者が、自分の知っている言語のコントロールを失ったようなものだ。今後数年のうちに、バイリンガリズムの分野でこのような研究が

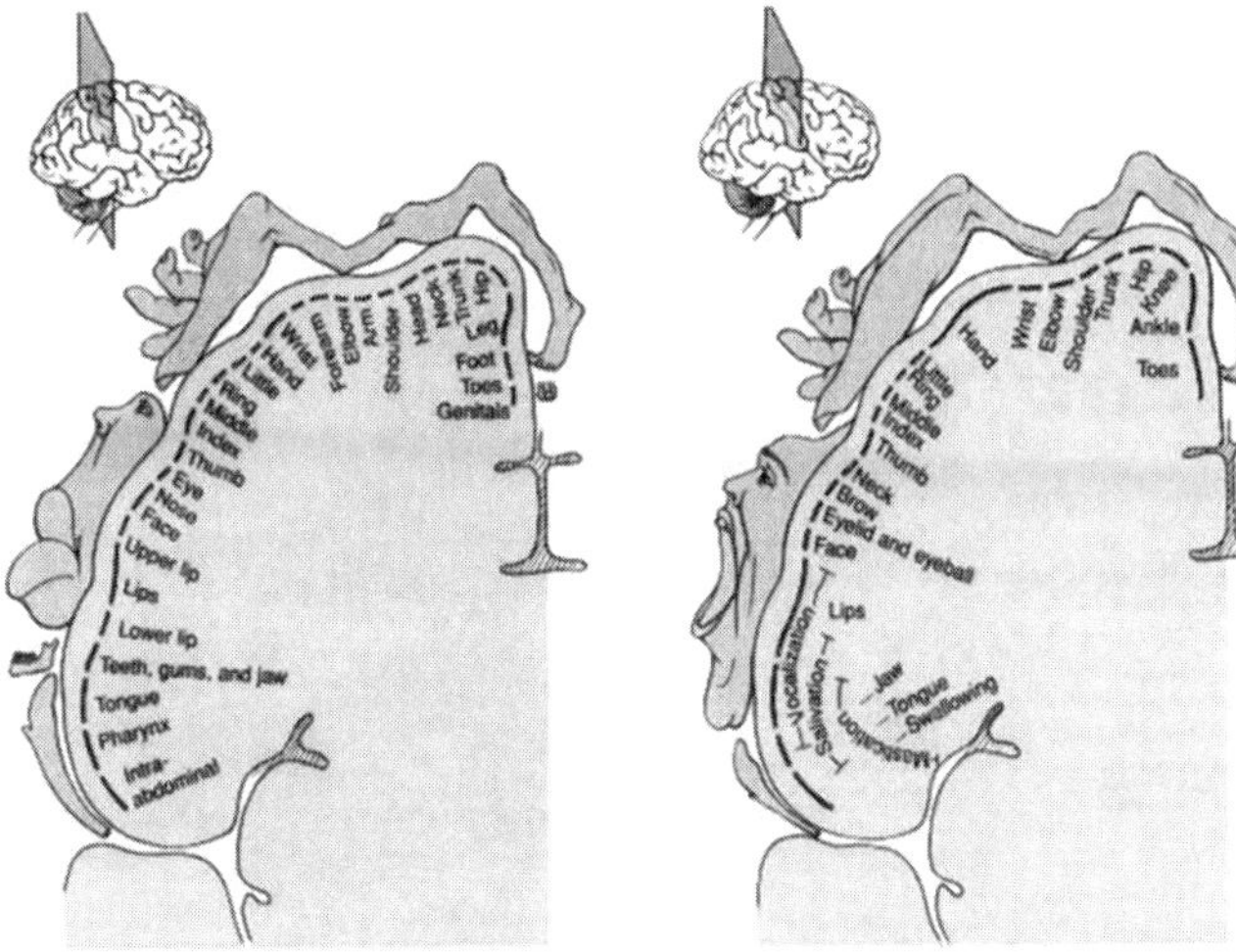

右半球の一次体性感覚野　　右半球の一次運動野

図 2.2　ペンフィールドのホモンクルス。画像（a）は、一次体性感覚野の解剖学的な区分を、画像（b）は、一次運動野の解剖学的な区分を示している（出典：http://personal.uwaterloo.ca/ranney/）。

ブームになることは確実だ。

　では、先ほど触れた二つ目の手法、大脳皮質電気刺激法に移ろう。ここで、大脳皮質ホモンクルスとかペンフィールドのホモンクルスと呼ばれる図をどうしてもお見せしたい。これはよく神経科学の教科書に出てくるものだ。図2・2にあるように、ホモンクルスは、脳内の体性感覚野と運動野に私たちの体の部位を対応させて描いたものだ。そう、ちょっとマンガのようだが、このマップは本当に存在するのだ。

　どのようにこのマップは作られたのか。このマップは、術中皮質電気刺激法を使って作られた。この手法を使って、脳のある領域を電気によって活性化させれば、その部位と特定の機能を関連づけることができる。体性感覚や運動、認知的能力（例、言語）のマップを作成することが可能なのだ。これは、一九五〇年代に、特に脳神経外科医ワイルダー・ペンフィールドによって行われた先駆的研究に負うところが大きい。今日、この方法は医学的目的のために常に利用されている。たとえば、脳外科医が脳腫瘍を摘出する際に、そのような手術が患者にどんな副作用があるかを調べる必要があるときなどがそうだ。腫瘍の場所にもよるが、たとえば大脳皮質に「投影」されている認知的機能の一つが言語であり、脳外科医が手術中に傷つけないようにしなければならない基本的能力だ。しかし、脳外科医はどのようにしてどんな刺激が言語処理に作用すると知ることができるのだろうか。皮質電気刺激は患者が覚醒しているときに行われる。外科医が頭蓋骨を開き、脳に触れられるようになると、全身麻酔が減らされて、医師が頭皮と頭蓋骨に局所麻酔を続けている間、患者は意識を回復している。医師は、直接脳に電気刺激を与えることができる。脳には痛み受容体がないので痛みは感じない。それから、手術で損傷しそうないろいろな部位に電気刺激を当てる間、患者に、たとえば何の絵か答えるといった課題が出される。患者がこの課題を行う上で電気刺激が妨害となる脳領域は限られている（ちょうど、オーケストラから楽器を一つずつ減らしていき、楽曲の聞こえ方がどうなるかを調べるようなものだ）。このようにして、もし手術によって傷つけられると、患者は言語運用能力に問題を生じてしまい、コミュニケーション能力に重大な影響を受けることになる。そういう領域は残しておいた方がよいのだ。

バイリンガル話者の場合、二つの言語についてホモンクルスの図のようなマッピングができるだろうか。もしできたらよいが、実際にはもっと複雑だ。興味深いことに、この疑問はすでにペンフィールド博士の好奇心も刺激していた。彼は、バイリンガル地域であるケベック州の住人だった。『モントリオール・ギャゼット』というカナダの新聞のインタビューの中で、ペンフィールド博士は、二言語による教育の利便性に関する質問に答えている。インタビュー記事のタイトルは「バイリンガル脳の方が優れている――ペンフィールド氏」だった。この記事が出たのが一九六八年六月一五日……五〇年以上も前でなかったら、それほど驚かないだろう。議論は今でも続いている！なぜそうなのか。患者がバイリンガル話者の場合、マッピングは二言語で行われることが多い。刺激を与えたときに、どの領域が両言語あるいはどちらか一方の言語の処理を妨げるのかを知るためだ。このような探索の結果は少々矛盾を含んでいる。両言語を処理する脳領域は大きくオーバーラップしているという研究がある一方で、電気刺激はどちらかの言語にしか作用しないという結果が出た研究もある。後者の場合、総じていうと、第二言語の処理に関わる領域の方が、第一言語の領域よりも広いようである。優位な言語の方が、処理に要する神経的資源は少なくて済むようなのである。

ワシントン大学のティモシー・ルーカスらが行い、*Journal of Neurosurgery*という専門誌に発表した研究を見てみよう。この研究では、二十二人のてんかん患者の第一言語と第二言語における絵の命名課題への干渉が生じた脳の領域をマップしている。患者のうち二十一人で、第一言語か第二言語のどちらかに特定されるかたちで脳のいくつかの領域で干渉が生じていた。しかし、重要なポイントは、半分以下の患者しか両言語に共通の領域がなかったということだ。具体的には、刺激された時に両言語の処理が妨害される領域である。最後に、この研究では、バイリンガル話者の言語がどう組織化されているかを百十人のモノリンガル話者と比較している。その結果、予想通り、類似した結果が得られている。総合すると、研究者たちは研究結果を次のように解釈している。二つの言語の機能はある程度大脳皮質上に分かれて組み込まれているようだ。つまり、脳には、第一言語を処理する基盤となる領域と第二言語の処理の領域があるということだ。同様に、両言語の処理に関わる領域もある。最後に、バイリンガル話者の第一言語の組み込まれ方はモノリンガル話者の母語の組み込まれ方と類似しているようであり、第二言語を習得しても、第一言語の領域には大きな変化をもたらさないらしい。

この手の研究によって、私たちは、認知過程に関わる、あるいはむしろ基幹となる脳領域に関する理解可能で、正確な情報を手に入れることができるようになった。このような研究は、常に医学的な含みがあるので、ご都合主義と思われかねないが、私は数年のうちに非常に関連性の高い情報を導いてくれると考えている。特に、埋め込み電極を使った電気的活動や脳刺激の計測によって患者の言語行動をより徹底的に調べることができるようになっている。このような埋め込み電極は医学的必要を満たしているし、通常、従来の薬物療法では効果の出ない患者のてんかん発作の原因を探るために埋め込まれる。新聞にさらにこの話題が載るのを見逃さないようにしよう。

コントロール、コントロール、またコントロール

外国語を習ったことのある人なら、おそらくこんな、苦々しい感覚を経験したことがあるだろう。やっと誰かにその外国語で話しかけようとしたら、ことばが思い浮かばない。言いたいことは分かっていて、言いたいことばも分かっているのは疑いないのに、そのことばをつないで口を開くと、うまくいかないのだ。こんな感じがすることがあるかも知れない。とにかく話そうと思えば、ことばが一語一語出てくるのに、文としてまとまっていないとか、自分の母語が邪魔をして仕方がないとか。イライラしないで。それは誰にでも起こることだから。多分もう分かると思うが、こういった状況から、多くの人々は第二言語は話すよりも理解する方がラクだと考えるようになる。この意見は、現実にそうだというより言語に対する私たちの認識のあり方を表しているのだと思う。

このようななかなか流暢に話せない理由の一端は、第二言語の知識を使いこなすのが難しいからだ。第二言語の語彙や構文の知識を引き出して使うことに困難が伴うというだけでなく、第一言語の語彙や構文の知識もあるので、私たちが文を話そうとするときにそれが邪魔をするのである。最近、この妨害効果のとてもよい例を友人が教えてくれた。またかと思うかも知れないが、ここで話さないわけにはいかない。バルセロナと言えば、観光の目玉は聖家族贖罪教会（サグラダファミリア）だ。みんな見に行きたがる。その友人は、行き方のわからないツアーのグループに親切に英語で道順を教えてあげた。ツアーの人たちは感謝して、丁寧に「Thank you」[5]と伝えた。友人は、それに対してとても丁寧に「*De* nothing」と返事をした。「*De* nothing」だって!?　本当は何という

のかを知らなかったわけではない。発話をコントロールできなかったのだ。もちろん、私の友人はこれが正しい英語のフレーズでないことも知っていたし、どんなことばで答えれば礼儀をわきまえることになるかも知っていたのだ。実のところ、軽く「Thank you」と言っておけば十分だっただろう。ところが、友人の場合、舌が脳の命令に従わなかったのだ。

このような状況に陥ったのは私の友人だけではない。大きくなってから外国語をマスターしようとしたことのある人はみな、外国語を学ぶのは新しい言語表現を習うだけではなく、「言語操作」と呼ばれる特殊なスキルを身につけることが必要だということが分かるようになる。このスキルはスピーキング力の土台となるもので、コミュニケーションをうまくこなして、「*De* nothing」ではなく「どういたしまして」と言えるようになる。しかし、どうやったら言語操作能力を身につけられるだろうか。まあ、それは言ってみれば、おばあちゃんの特別な隠し味みたいなもの、つまり練習だ。

二つの言語に精通しているバイリンガル話者はジャグラーのようなものだ。コミュニケーションの場面で必要とされれば、難なくどちらか一つの言語に集中して話すことができ、もう一つの言語に妨げられることもあまりない。だから、たとえば英語とスペイン語のバイリンガルの人がモノリンガルの英語話者と話しても、会話にスペイン語の語彙が混じったり、言語をまたいだミス、つまり英語の会話の中にスペイン語の語彙が「滑りこんだり」することはめったにない。考えてみてほしい。もしそんなことがよくあったら、バイリンガル話者とのコミュニケーションは、（私たちもその両言語を知らない限り）不可能だろうし、バイリンガリズムがコミュニケーション上の問題を抱え込んでしまうのは明らかだろう。言い換えれば、もししょっちゅう無意識のうちに二つの言語の語彙や構文や音韻表象を混ぜ込んでいたら、会話をするのは至難のわざに違いない。

私がこの点を指摘すると、大抵、会話中にバイリンガル話者が言語を入れ替えて、両言語のことばを使う場面はたくさんあると言う人がいる。確かにそれはある。そして、この現象を「コード・スイッチング」と呼ぶ。しかし、この言語行動はランダムとはほど遠いし、（少なくともほとんどの場合）言語操作の失敗ではないが、コミュニケーションに関連した疑問につながりがあるらしい。私が特に興味を持っているのは、コード・スイッチングが、ある文法の制約とピッタリあっていることから、少なくともほとんどの場合、言語操作のエラーの結果だとは考えにくいということだ。言い換えれば、コード・スイッチングはきちんと規則に則っているということだ。たとえば、次の文を考えてみよう。「*No sé dónde he dejado las keys*（どこに鍵を忘れたのか分からない）」ここで、冠詞の「*las*」（スペイン語）は「keys」という英語の語と（複数形という）数で一致している。[(6)]

バイリンガル話者は、使いたい言語に集中できるばかりか、二言語を使ってちゃんと会話を続けることもできる。この考えは、実際に経験したことがないと理解しづらいだろう。実際、単一言語

（5）［訳注］「De Nada」はスペイン語で「you are welcome（どういたしまして）」という意味。単独では、「de」は英語の「of」、「nada」は「nothing」に当たる。
（6）［訳注］「las」は英語の「the」に当たる定冠詞で複数形。

の環境で生活している多くの人には驚きであり、イライラのもとになる。次のような状態を想像してみてほしい。五人家族が夕食のテーブルについている（料理はツナのコロッケとグリーンピースだ）。父親は妻と息子にスペイン語で話すが、娘にはカタロニア語を使う。次に、娘は父親にはカタロニア語を話すが、そのほかの家族にはスペイン語を話す。息子と母親はスペイン語もカタロニア語も分かるが、家族にはスペイン語で話す。家族にはおばあちゃんもいて、カタロニア語は理解できるがスペイン語しか話せない。私に言わせれば、このようなコミュニケーションこそバイリンガルの会話で、二つの言語がごちゃ混ぜにならずにきちんと使われる。つまり、二つの言語がランダムに使われたり、韻を無視したり、わけもなく混ぜ合わせられているのではないのだ。それどころか、そこで使われる言語は、それが使われる相手によって決まるのだ。人によって選ぶ言語がどのように違ってくるのかはここでは論じない。というのは、おそらく理由は複数あって、いくつかの要因（たとえば、二言語の一方しか分からない親戚の人がいるとか）によるからだ。奇妙に見えるかも知れないが、この「きちんとしたミックス」という現象はよく生じる。ちなみに、先ほど描いた家族は、私が育った家族だ。どうでもよいが、うちのコロッケはとてもおいしかった。

一見したところ、バイリンガルの会話は逆説的に見える。夕食のテーブルにいた人々はみな両方の言語が分かるのだから、どちらの言語でしゃべるかを決めてしまう方が簡単で少しは楽なのではないだろうか。それでももし言語を選ぶときに一つに決められないのなら、日によって言語を使い分ければ、話は簡単だろう。こうして、みんな両言語を問題なく使う。実はそんなに簡単な話ではない。そして、結局のところ、少なくとも流暢に話せるバイリンガル話者なら、この手の会話はそれほど難しくはない。事実、一人ひとりに対して何語を話すかが決まっていたら、もう一つの別の言語でその人に話しかけるのは難しそうだ。もしそうは思わないというなら、そして二つの言語を知っているなら、普段使わない言語で話しかけて、会話がどのくらい長く続くかみてみるといいだろう。だから、同じ会話の中であっても、聞き手によってある言語から別の言語にスイッチするよりも、使い慣れている言語をスイッチする方が難しいようなのだ。誰かある人物と話すときにある特定の言語で話すのが習慣になっているのに、別の言語を使わなければならないとしたら、その人と話すときに使う言語に切り替わってしまうことがある。たとえば、二人の友人が英語とスペイン語を同時に使う場面で、そこに英語しか分からない人が加わったら、この友人たちは英語に切り替えるだろう（それは、失礼にならないようにするためだけではなく、コミュニケーションが取れるようにするためでもある）。しかし、二人の友人がスペイン語で会話することがある。そうなったら、居心地の悪い状況を招くことになりかねない。信じられないことだが、ほとんどの場合、このような切り替えは無意識に行われるのであって、誰も会話から閉め出そうとしているわけではない。実際のところ、このようなことはモノリンガル話者の間でも生じることがある。たとえば、モノリンガルのスペイン語話者が、「*Encontrémonos en el check-in*」（'Let's meet at the check-in counter.'「チェックインカウンターで会おう」）とか「*¿Has traído tu smoking para la cena formal?*」（'Have you brought your tuxedo jacket for the formal dinner?'「フォーマル・ディナー用のタキシードの上着を持って来た？」）

と言うかも知れない。英語の「check-in」や「smoking」は使うべきではないのではないか。[7] これらの英単語は大変よく使われるので、これを変えるのは非常に難しい。

ここまでの私の説明を読めば、一つひとつの事例からバイリンガル話者はジャグラーだということにうなずけるだろう。というのは、バイリンガル話者は二つの言語を見事に使いこなすからだ。会話の中で必要なら、一つの言語に集中して、二言語がごちゃ混ぜにならないようにできるし、また同時に、会話に両言語が出てくるようになれば、どちらかの言語からもう一方に移ることもできる。バイリンガル話者たちはどうやって二言語を操作しているのだろうか。

言語操作に関する認知プロセスと対応する神経的基盤の研究は、常に言語を研究する人々の注目を集めてきたが、この二十年で驚くほど関心が高まった。まずはっきりさせなければならない問題は、今このとき会話の中で使われていない言語がどのように表象されているのかという問いだ。たとえば、スペイン語と英語を話すバイリンガル話者が誰かと英語（使用中の言語）で話をしているとき、スペイン語（使用していない言語）はどうなっているのか。もし言語操作は単純なスイッチのように働き、この言語で話そうと決めているだけで、使わない言語の「スイッチは切れて」、使う方の言語の「スイッチが入る」のなら、それほど大した問題ではない。単に、使われていない言語が活性化するのをブロックして、バイリンガル話者が「機能においてはモノリンガル話者」になるというだけのことだ。現実はもう少し複雑で、多くの研究が、どちらの言語が使われていても両言語が並行して活性化することを明らかにしている。そこで、私が非常に重要で価値が高いと思う研究の例を見てみよう。

ウェールズのバンガー大学のギョーム・シエリーたちは、バイリンガル話者が一方の言語で課題を行う際に、もう一方の言語ははたらいているのかを調べた。言い換えれば、使っていない言語は「スイッチ・オフ」なのか「オンのまま」なのか、ということだ。課題は簡単で、コンピュータ・スクリーンに二つの語が映されるので、実験参加者はその二つが意味的に関連があるかを答えるだけ。刺激の材料の中には（電車 - 自動車）のように意味の上で関連のあるペアと（電車 - ハム）のように関連のないペアがあった。課題は英語だけで行われ、実験参加者はウェールズに住んでいる中国語と英語に堪能なバイリンガル話者だった。面白いのは、意味の関連性を判断する課題は重要な要因ではないということだ。これは参加者を惑わすためのものだ。鍵となる実験的操作は、ペアにした語の組み合わせのうち半分では、スクリーンに呈示された語の中国語訳は形態が類似しているのに対して、残りの半分は類似していないという点だ。たとえば、「電車 - ハム（train - ham）」というペアの場合、中国語では「*huo che* - *huo tui*」となる。気がついたと思うが、この二つの語は音韻的形態が類似している。研究者たちの考えでは、これ等は形態的に関連しているということになる。これに比して、「電車 - りんご（train - apple）」というペアでは、これに相当する中国語の語は類似していない（*huo che* - *pn guo*）ので、形態的関連がないということになる。しかし、ここ

(7)〔訳注〕イタリア語でタキシードのことを「smoking」と呼ぶ。

で忘れてはならないのは、実験では語は英語でしか呈示されておらず、中国語で呈示されたのではないということだ。

シエリーたち研究者は、次のような仮説を立てた。もし参加者が、英語で単語を読んで自動的（かつ無意識的）に中国語に訳している（つまり、一つの言語（英語）を処理しているときに、使っていない言語（中国語）も活性化する）なら、この二種類の単語ペアでは、異なる反応が観察されるはずだ。行動のレベルではこれは生じなかった。参加者はどちらのペアに対しても早く正確に反応した。実験は失敗だったように見えるが、慌ててはいけない。課題をやっている間、研究者たちは脳波図を使って参加者の脳の電気的活動も計測していたのだ。その信号を分析してみると、中国語でみると発音の似ている単語ペアと似ていない単語ペアでは、脳の反応は大きく異なっていた。忘れてはいけないのは、この課題では刺激の単語は英語でしか呈示されていなかったことだ！(8)

この実験結果から特に推測できることは、バイリンガル話者が一つの言語を処理するとき、電球を切るようにもう一つの言語のスイッチを切ることはできないということだ。その反対に、言語処理がされている間、両言語ともある程度は活動しているらしい。だとすると、両言語をごちゃ混ぜにしたり混乱したりしないのはなぜだろうか。言語操作という問題は、もう少し複雑なのである。

あまり専門的な詳細には踏み込まずに、バイリンガル話者の言語操作がどのようにはたらくかを調べる実験法を少なくとも一つは紹介しておきたい。それは、言語切り替えという手法だ。そのわけは、私が十年以上この実験手法を用いてきたこともあるが、誰にでも割とやりやすい手法だからだ。自宅でも試せる実験法の一つだ。これからする説明は少し重たいが、この研究の実験結果に驚くと思うので、読む価値はあるだろう。

バイリンガル話者の言語操作のメカニズムを調べるには、一つの方法として、両言語の間で一方から他方への切り替えを繰り返す課題をするときの行動のパターンと脳活動がどのように相関するかを調べればよい。たとえば、図2・3の実験課題での行動を考えてみよう。一連の絵が次々と呈示され、実験参加者は、それが何の絵か声に出して言うようにと指示される。絵は青か赤の枠で囲まれて現れることがある（特定の色に意味があるわけではない）。参加者は、その枠の色によってどちらかの言語で絵の名前を言わなければならない。なので、たとえば、参加者がスペイン語と英語のバイリンガルだと、青い枠の絵はスペイン語で、赤い枠の絵は英語で名前を言うように指示される。ポイントは、枠の色はランダムに変化するということだ。二つ以上の絵が続けて同じ色の枠の中に出ることもあるし、毎回枠の色が変わることもある。たとえば、次のように並んだ刺激を想像してみてほしい。赤枠で自動車、赤枠で傘、青枠で椅子、青枠でグラス、赤枠でテーブル。正しい回答はこうなる。*car, umbrella, silla, vaso, table.*

この絵の並びには異なる種類の刺激、つまり「試行」が入っている。直前の試行と同じ言語で絵

(8)　この手法に詳しい読者へ。差は通常単語の意味の影響が検出される時間窓で発生した（N400と呼ばれる刺激提示後四百ミリ秒で現れる脳波成分）。

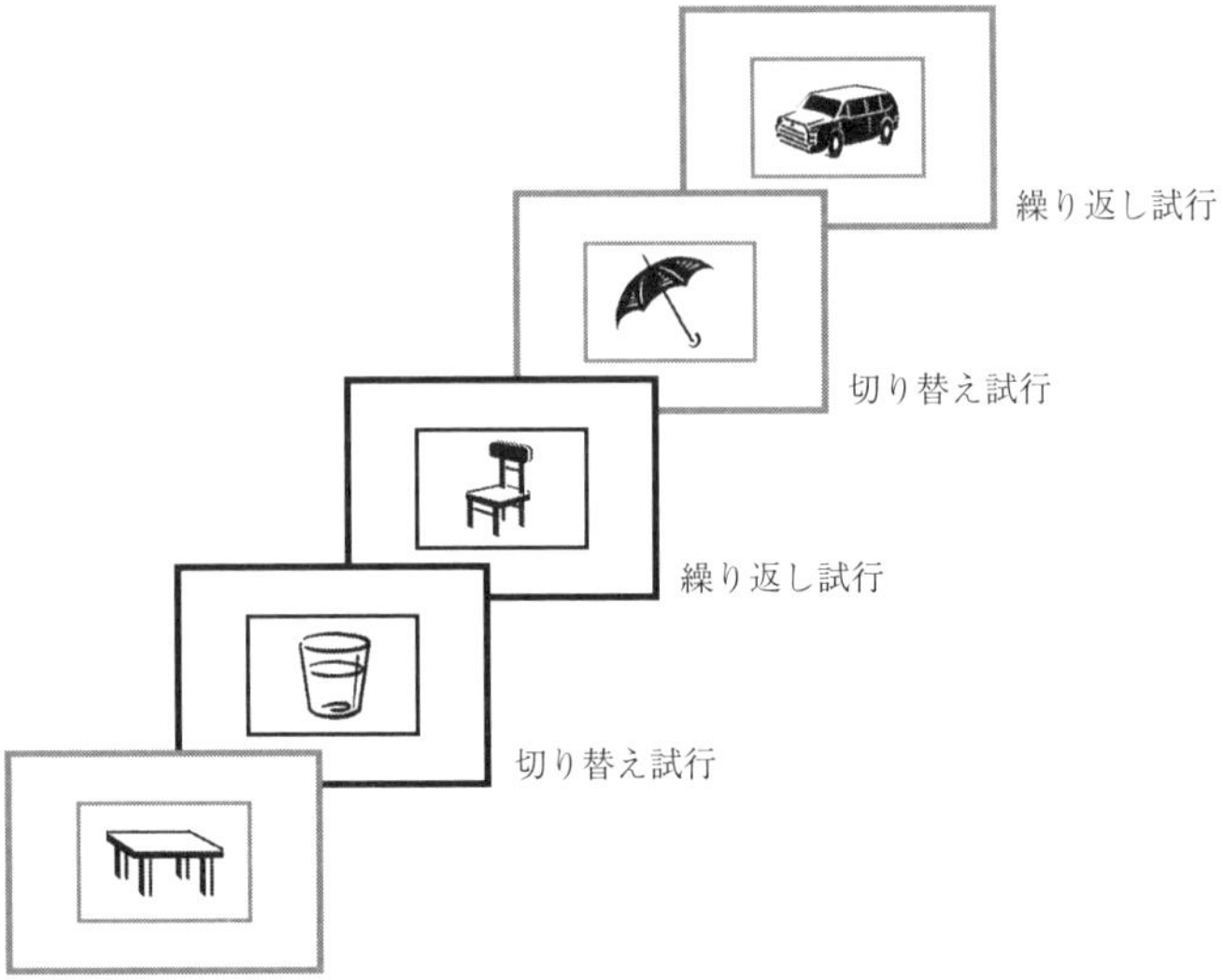

図 2.3　言語切り替え課題の実験手順。参加者は、各図が表すものの名前を声に出して言う。使用する言語は枠の色によって決まる。したがって、同じ言語が繰り返される試行（繰り返し試行）と言語が変更される試行（切り替え試行）がある。

の名前を言う試行がある。*umbrella* または *vaso* が呈示されたときがそうだ。これを「繰り返し試行」と呼ぶ。なぜなら使う言語が同じだからだ。また、青い枠で *silla* が、または赤い枠で *table* が現れたときのように、直前の試行とは使う言語が変わる試行がある。これらは、絵の命名に使う言語が、直前の絵の命名の場合と違うので「切り替え試行」と呼ぶ。他の実験でよく行うように、参加者が絵を表す単語を言うのにかかった時間（ミリ秒）と誤答率を計測する。

　説明が少し複雑で申し訳なかったが、これが分かればうちでやってみることができる。ハサミ、グラス、鉛筆など身の回りのものを六つもってきて、（たとえば、テーブルの下など）参加者になってくれる人の目に見えないようにしておく。そうしたら、参加者役の人に、これからいくつかのモノを続けて見せるので、見たモノの名前をできるだけすばやく声に出して言うように伝える。さらに、もし右手でそれを出したら、自分の第一言語で言い、左手で出したら第二言語で言うように伝える。実験を開始したらランダムに左右どちらかの手を使ってモノを見せていく。これを適当なスピード、たとえば参加者がモノの名前を言ったら一秒後に次のモノを見せるくらいのペースでやると、結果は大体期待通りに出てくるはずだ。つまり、言語を切り替えるのには時間がかかり、参加者が間違えたり、ことばが出なかったりすると笑い出すことだってある。もっと笑いを引き出すコツは、第二言語の能力があまり高くない人を参加者にすることだ。

この実験でどんなことが観察できるだろうか。まず、同じ言語で続けて回答する場合（繰り返し試行）の方が、言語を切り替える場合（切り替え試行）よりも、参加者は効率的に（すばやく）命名課題をこなせる。ここから言語切り替え課題にかかわる効果と負荷（「コスト」と呼ぶ）が分かる。つまり、正しい単語（ものの名前）を言うのにかかる時間は、この二つの試行どちらかによって異なり、言語を切り替える方が時間がかかり、その動作により大きな努力を要することが分かる。ここまでは想定内。ここまで説明したことを第一言語のスペイン語とそれより語学力が下がる別の言語――英語――で行っているとしよう。予想してもらいたいのだが、語学力が高い方の第一言語から低い方の第二言語に（つまり、スペイン語から英語に）切り替える方がコストが高いか、それともその逆か。あわてないで、よく考えて……。私がこの実験を学生たちに説明したときは、ほとんどの学生は間違った方を予測してしまった。言語切り替えのコストは、語学力の高い言語（この場合はスペイン語）に切り替える方が、低い言語（英語）に切り替えるよりも、大きいのだ。言い換えれば、切り替えコストは非対称、語学力の低い言語よりも高い言語の方に大きくひびくということだ（これを「非対称言語切り替えコスト」と呼ぶ）。したがって、逆説的なのは、私たちにとって難しい方に切り替えるよりも簡単な方向に切り替える方が、実はコストが大きいということなのだ。もしあなたの予測が正しかったなら、よくできました！　予測が違っても気にすることはない。私の予測も最初は間違っていた。

さあ、これで実験心理学者は、驚くような意外な結果を生み出す実験を考えるプロだと言えるだろう。しかし、この実験結果は一体何を意味するのだろうか。まあ言ってみれば、この非対称性は、二言語の操作は抑制プロセスをもとに行われるという説を支持するのに繰り返し使われてきた。つまり、ある言語でしゃべりたい場合、他方の言語の活動を低下させるプロセスを実行しなければならず、そうすることによって、両言語の間で干渉（あるいは妨害）が生じる可能性を減少させ、使いたい言語にフォーカスできるようにするという。しかし、一方の言語を抑制すると、後の試行でその言語を使う必要が出たとき、影響が現れるかも知れない。語学力の低い言語から高い言語に切り替える方がコストが大きいということは、どの程度抑制するのかは言語によって違いがあるということでもあるだろう。なので、私が弱い方の言語で絵が表しているものの名前を言わなければならない場合、強い方の言語が干渉しないように強く抑制することになるだろう。それからもし次の試行で言語を切り替えるように指示されたら、前の試行で強く抑制したレベルから使えるレベルに戻さなければならないので、負荷（コスト）はそれだけ大きなものとなるわけだ。弱い方の言語はそれほど強く抑制しないので、次の試行で元に戻すのはそれほど労力は必要ない。ということで、言語切り替えコストは自分の得意な言語に切り替えるときの方が、弱い言語に切り替えるよりも大きいのである。実際、この非対称なコスト現象は、言語に限ったことではなく、言語をまったく伴わないが、「注意」を要する行動でも観察されている。つまり、二つの課題を同時に行う場合に簡単な課題に戻る方がコストが大きいが、それは、この現象が言語のシステムに限らず認知システムに共通する特徴であるかららしいのだ。

二言語の能力に差のないバイリンガルだったらどうなのかと疑問に思うかも知れない。つまり、両言語とも同じくらいの高いレベルに達している人々の場合だ。言語切り替えコストの大きさが二言語間で非対称になるのは、それぞれの言語を抑制する程度の強さの違いによるはずだとしよう。両言語の間の競合のレベルに開きがあるほど、優勢な言語の方が強く抑制されることになる。したがって、どちらの言語も同じくらいレベルが高ければ、抑制の非対称性は小さくなるはずだ。もっとはっきり言えば、両言語のバランスがとれたバイリンガル話者のほとんどは、どちらの言語でも切り替えコストは同じくらいになるはずだ。実際、私たちの研究室で数年前に行った実験ではそうだった。カタロニア語とスペイン語が同レベルのバイリンガル話者とバスク語とスペイン語のバイリンガル話者に実験に参加してもらった。どちらのグループの話者も、一方の言語から他方への切り替えコストはどちらの方向も同じであった。この人々は本物の言語ジャグラーなのだ。

あえて言うなら、バイリンガル話者がどうやって自分の二言語の操作を身につけ、実行しているかという問題は、今日、学界でもっとも注目されている問題の一つだ。ここでは、この問題に実験的にどのようにアプローチするか、手短に概要を示し、この課題探究に最も広く使われている手法と、説明の論理的な流れをある程度詳細に説明したが、二言語操作機能がどのように組み込まれているかについての最終的な答えは、今まだ研究の最中なので、残念ながら提示できない。この二言語操作機能は単体ではなく、その他の認知能力の発達への副作用があるらしいのだが、この問題は第四章までお預けとしよう。

脳内の言語操作

すでに見てきたように、脳障害のために言語処理に困難をきたすバイリンガル話者がいる。もっともよく見られるケースは、両言語とも同時に似たような機能低下を示すものだ。しかし、脳障害はそれほど言語知識自体には影響を与えないのに、患者が自分で言語を使おうとするとうまく操作できない症例がある。患者が二つの言語の一方に注意を集中できず、無意識のうちに両言語を混ぜてしまうようなものだ。このような言語行動やそれと脳部位の関係を調べることによって、バイリンガル話者の言語操作に関わる神経経路をよりよく理解するのに必要な土台を作ることができるようになった。事実、言語を制御できなかったら、言語を処理する能力が失われてしまうが、それがどのように生じるのかを明らかにしようという研究が次第に増えている。これは、言語知識の表象がどのように損傷しているかという疑問を越えた問いだ。別の言い方をすれば、情報は保持されているのだが、どうすればその情報にアクセスできるのかという疑問である。もしそうなら、F1ドライバーのフェルナンド・アロンソが言語操作能力喪失のいい例と言えるだろう。

おそらく、この問題に関するもっとも完成度の高いモデルは、十年以上も前にジュビン・アブタレビとディヴィッド・グリーンが*Journal of Neurolinguistics*という専門誌に発表した論文の中で提唱したものだろう（図2・4参照）。この二人の研究者は、異なる複数の脳部位が言語操作に関連のあるいくつかの側面に関わっていると主張している。この言語操作スキルに特に深く関係しているのは、尾状核などの皮質下領域である。この領域が劣化すると「病理的言語変化」あるいは言語混合（mixture of languages）と呼ばれる状態に陥る。例として、ピーター・マリエンたちが著した症例を考えてみよう。これは、脳出血で言語障害を患った十歳の少年の研究報告である。この少年の第一言語は英語だが、二歳半からオランダ語を習得し始め、友だちと話したり、学校でオランダ語を使っていた。脳出血の数日後、少年はどちらの言語でもことばが自然に出なくなった。つまり、会話を続けるのが困難になった。もっとも顕著な副作用は、この少年は両方の言語ともコントロールすることができないらしく、意図しないで両言語を混同するようになった。

脳画像測定によって、左半球の尾状核を含む、さまざまな脳領域で血流の異常があること（医学

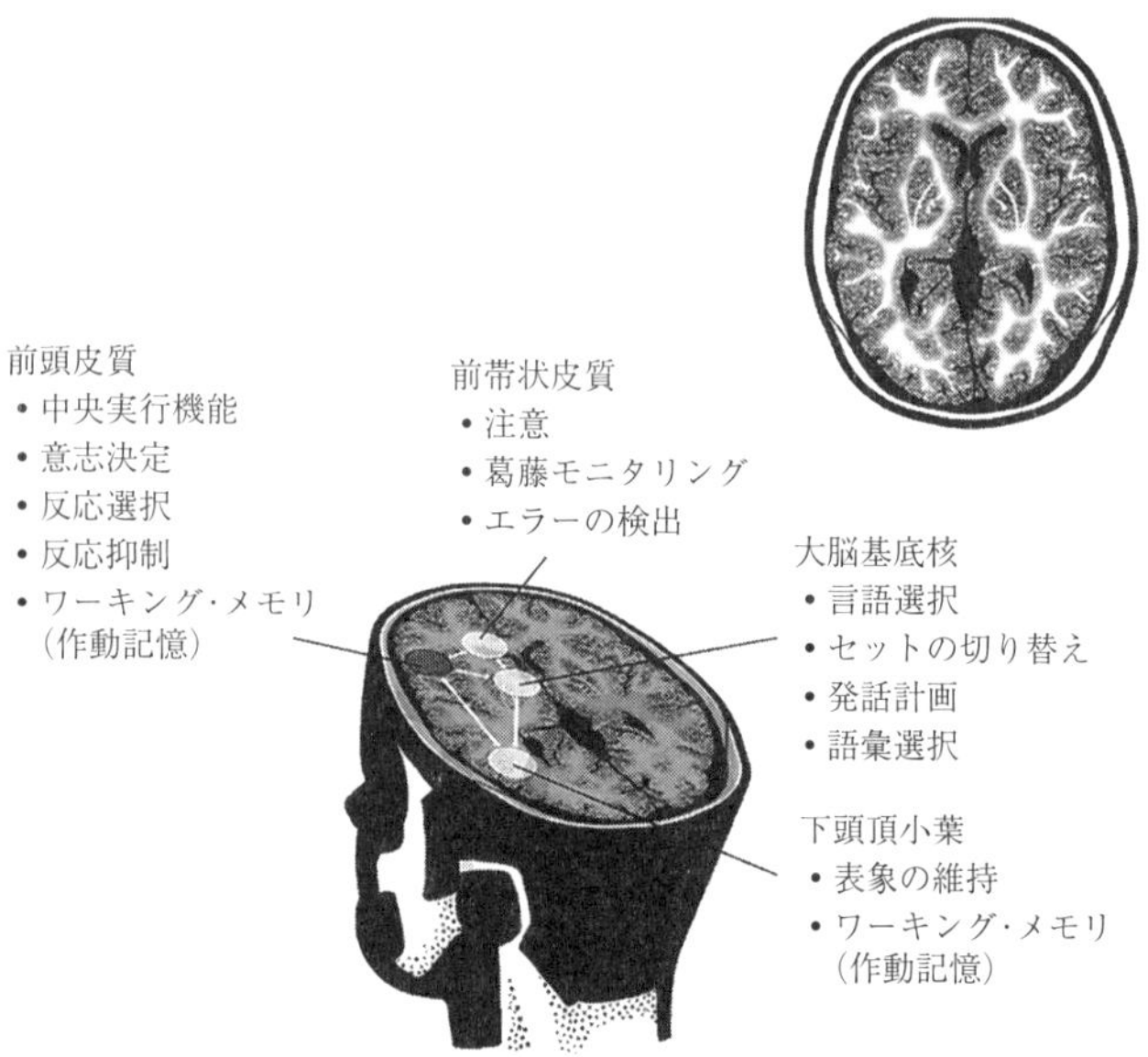

図 2.4　Abtalebi and Green（2007）のモデルに基づく、バイリンガル話者における言語制御に関わる脳内ネットワーク。

用語で「脳底灌流」という）が分かった。この血流異常によってその領域は正常に機能しなくなり、結果問題が生じたのである。幸いにも、六ヶ月後、血流は前頭領域と左の尾状核ではほぼ正常に戻った。ただし、言語処理に関係のあるそのほかの領域はそうならなかったが。この六ヶ月を過ぎた後、この少年は意図せずに英語とオランダ語を混同することはなくなった。依然として言語的問題点、とくに話し方の流暢さの問題がどちらの言語でも見られたが、言語を混ぜてしまうことはなくなった。アブタレビとグリーンの解釈では、この少年の症状と脳障害の関係は、前頭葉と皮質下領域（尾状核）が、バイリンガル話者の言語操作に深く関わっている証拠とされている。皮質下領域に障害のある患者が言語操作能力の劣化を示しているケースは数多くあり、パーキンソン病患者の研究を含め、この領域の構造が言語操作と深い関係にあると見る証拠は今や充分にある。

このような結果を積み重ねた結果、健常者の脳画像を測定して、言語操作のさまざまな側面を探究する実に多くの研究を計画したり、データを解釈する基礎固めができた。このような研究では、さまざまな課題が使われるが、ほとんどの場合、前のセクションで説明した言語切り替え課題など、言語操作が必然的に生じるようになっている。あまり詳細には踏み込まないが、これらの研究から、言語操作は、前帯状回、尾状核とともに、前頭葉、前頭葉前部、頭頂葉を含む脳内ネットワークを使って実行されていることが明らかになっている。

また、この章のはじめのところで説明した術中刺激法を使って、これらの部位のうちいくつかの機能を妨害するとどうなるかが分かっている。たとえば、ベルヴィトジ生医学研究所のアントニ・ロドリゲス・フォルネルスが行った研究では、内側前頭前皮質と前頭皮質下部の正常な機能が妨害されると、前に解説したのと同じような言語切り替え課題において二人の患者で発話行動に影響が現れたことが観察された。

バイリンガル話者の言語操作機能についての主な疑問の一つは、それがどの程度まで汎用的中央実行機能に相当する脳内プロセスと領域に関わっているのかだ。「汎用的中央実行機能」について、満足いく定義を見つけるのは難しいが、このように定義してみよう。実行機能とは、注意をそらさないで何かをしようというときに実行する機能である。実際はもう少し複雑だが、とりあえずこの定義でいけるだろう。これらの制御プロセスは途切れることなく作動し、心的に活性化しておきたい行動のゴールを保持することができる。『ファインディング・ニモ』という映画を見たことがあれば、ドリーを覚えているかもしれない。ニモの父親といっしょにニモを探す旅仲間になるが、絶えず気が散って、混乱してしまう青い魚だ。ドリーは、ワーキング・メモリ（作動記憶）などの中央実行系の重要なパーツが抜け落ちている。

言語操作の場合、達成したいのは自分が望む言語で話すことで、その妨害となる情報は、そのときに使われていない方の言語だ。このような並立的な関係をもとにすれば、こう考えるのが妥当だろう。つまり、言語操作プロセスにおいては、汎用的中央実行系の資源が使われる。しかし、脳画像計測実験から現在得られている結果から示されているのは、脳機能的にある程度のオーバーラップはあるが、それは部分的なものに過ぎないということだ。この疑問については第四章で再度扱い、さらに詳しく検討する。

第一言語を喪失するということ

バイリンガリズムに関する研究はほとんど、第二言語の習得過程と使われ方を解明しようとするものだ。別の言い方をすれば、科学者、それからあえて言えばほとんどの人が興味を持つのは、人はどのように一言語しか使えない状態（モノリンガル）から二言語が使えるよう（バイリンガル）になるのか、またバイリンガル話者として成長するのはどういうことかといったことだ。二つ目の疑問はよく分かる。というのは、よくあるケースだから。しかし、最初の疑問にある程度関係する疑問を問う研究者もいて、私たちがどのように言語を習得するのか……また喪失するのか、つまり、一つの言語がもう一つの言語にとって変わるとどうなるのかについて、多くのことを教えてくれる。

これは、「第一言語の喪失」と呼ばれるテーマに関係したものだ。第二言語を習得すると、すでに身につけた第一言語の使い方にどのような影響があるのかを調べる研究は数多くある。この二つの言語の交互作用は、あらゆる言語機能の段階で複雑なパターンを示す。多くの場合、一方の言語が他方の言語に置き換えられることはなく、強い方の言語の使われ方に異常が生じる。

ボストンに住んでいたときに、私の師であるアルフォンソ・カラマザを主任とするハーバード大学認知神経心理学研究室で実験を行い、このような交互作用をじかに観察することができた。スペイン語 - 英語バイリンガルの実験参加者を集めるために、大学中に募集のチラシを貼るだけでなく、ラテン系の友人が開くパーティがあるたびに個人的に探しまくった。そう、人生は科学のためだけにあるのではない。マルガリータやモヒートと私の好みのサルサ音楽が充満する中で、どんな研究をしているかをなんとか説明した。私のねらいははっきりしていた。その人たちのメールアドレスや電話番号をもらうことだ。そして、二、三日して彼らの注意力がもっとしっかりしているときに連絡をとるのだ。なぜか、女性よりも同じ男性のバイリンガル話者の方が成功率は高かったが、科学者の観点からはそれはどうでもよい。案の定、次の月曜日に電話をして、実験に参加してもらおうとすると、大半の人は驚いて、私が何のことを話しているかさっぱり分からないというのだ。しかも、多くの場合、私が誰かも覚えていない（何人かはパーティに出ていたことも思い出せないと否定するのだが、これはまた別の話だ）。参加者を集めるこの作戦が型破りだったことは認めるが、功を奏したし、私のポスドクの実験をやることができた。

この話をするのは、出会った若者たちが、第一言語はスペイン語なのに英語の方が明らかに得意だったのが珍しかったからではなく、第二言語としてのスペイン語の科目、つまり英語の母語話者のためのスペイン語クラスをとっていたからだ。この学生たちと話してみて、英語が彼らのスペイン語に及ぼしている影響を見ることができた。それは、文法や語彙の面でも、発音の面でも見られた。二つの言語は交互作用して、一方が他方を「侵食」していた。その何人かの例から私は、メキシコに移住したカタロニア語話者を思い出した。彼らは、スペイン内戦の影響を受けて、若い頃に移住したのだ。それで、メキシコ人なまりのカタロニア語を話していた。それが興味深くまた愛らしいものだった。すでに習得した言語の上にもう一言語習得した人をみると、私たちの脳がいかに柔軟性に富んでおり、適応力があるのかが伺える。そのような言語間の相互作用を扱うことまでは本書ではしないが、第一言語のほとんどあるいはすべてを喪失してしまったケースは、理論的にも実用上も興味深いので、ここで触れておこう。

自分とは異なる言語を話す人の養子になる子どもの数は多い。ちょっと考えただけでも、私の知り合いで、ロシア、中国、ベトナム、エチオピアから養子をとった人を十人くらいはあげることができる。そのような知り合いの中に、これらの国で使われる言語を知っていた（あるいは今知っている）人は一人もいない。多くの場合、養子になった子どもたちは、自分の第一言語に触れることはなくなり、第二（あるいは第三）言語の中に浸ることになる。このような状況は、優勢な言語の技能を失うという結果を招くが、この子どもたちが成人に達したときに、第一言語の痕跡は脳の中に何か残っているのだろうか。それとも、大脳皮質の可塑性とは、このような養子になった子どもが数ヶ月とか場合によっては数年で第一言語を完全に忘れてしまうということなのだろうか。脳は言語を忘れることができるのか。

この種の研究は実施するのが難しく、おそらくそのためにごくわずかしかない。パリにある国立衛生医学研究所（Institut National de la Santé et de la Recherche Médicale）のクリストファー・パリエが進めた研究の中で、フランス語話者の親の養子になった韓国語話者の成人が八人選ばれた。養子になった年齢は三歳から八歳までと幅があるが、この子どもたちは、母国を離れたときにすでに韓国語を習得していた。しかしながら、この八人は全員、自分の母語を完全に忘れてしまい、フランス語を習得し使用するのに何の不都合もなかったと証言した。パリエたち研究者は、これらの参加者に韓国語が関係する課題を複数行ってもらった。たとえば、フランス語話者には一般的に馴染みのない言語（例、日本語、韓国語、ポーランド語）で録音されたフレーズを次々と聞かせ、参加者にそれぞれのフレーズが韓国語のものと思うかどうかを回答してもらった。また、別の実験では、フランス語で書かれた語を呈示した後、韓国語で録音した語を二つ呈示した。参加者は、そのどちらがフランス語の訳語なのかを判断した。参加者の課題成績は、別のグループの成績と比較された。このグループは、母語がフランス語で韓国語を使った経験のない人たちで構成された統制群である。仮説は明白で、もし養子の人々が元々の母語（韓国語）を何らかの意味で、無意識で間接的かもしれないが、保持していれば、課題正答率は統制群よりもよいはずである。

実験結果は、仮説を支持するものではなかった。実際、正答率はどちらのグループでも同じだったのだ。相当の年月（八年間）韓国語を使っていた人でも母語を喪失していたわりだ。研究者たちは、もう一歩進めて、両グループについて韓国語が出てくる課題をやっているときの脳活動を分析することにした。要するに、正答率という行動指標では喪失した母語の痕跡は見出せなかったが、脳活動なら現れるかもしれない。この課題では、参加者に録音されたフレーズを次々と聞いてもらい、その間の脳活動を計測した。フランス語または韓国語を聞いている最中のフランス人参加者（統制群）の脳活動を分析したところ、フランス語で文を再生した際に言語に関連していると古くから知られている領域で脳活動が増大した。このグループの参加者たちは、それ以前に韓国語に触れたことがなかったのだから、これは当然の結果であった。以前韓国語と接触のあった養子の参加者たちの脳はどのように反応したのだろうか。フランス人参加者とまったく同じ結果だった。つまり、成長期の何年か韓国語を使っていた者も韓国語を使ったことのない参加者も、反応に違いはなかったのだ。まるで誰も韓国語を習ったことがないかのようだった。養子グループの人々は自分の母語を忘れてしまっていた。

ところが、ブリストル大学のジェフリー・バウワーズが行った別の研究では、驚くべき結果が得られた。英語を母語とする成人の技能を調べたものだ。その技能とは、英語には存在しないがズールー語とヒンドゥー語には存在する音韻的対比を学習する能力である。思い出してほしいのだが、第一章で、私たちが普段耳にしない言語音を聞き分ける能力が一歳までにどのように減衰してしまうかという話をした。実験に参加した成人の中には、幼少期にズールー語とヒンドゥー語の両方に触れた人もいたが、実験の時点では、全員どちらの言語についても完全に忘れたと証言した。統制群は、英語母語話者でズールー語もヒンドゥー語も全く知らない人々であった。ここでの問いは、かつて子どもの頃にこの二言語を使っていた参加者は、統制群の参加者よりも早く音韻的対比を「再学習」できるかであった。もしそうなら、脳にその言語の痕跡がまだ残っていると言えるのではないか。実験の結果は明らかだった。課題のはじめでは、どちらのグループも同じように低い達成率で、言語音を弁別するのは困難だった。この結果から、ズールー語とヒンドゥー語に触れていた参加者は、その言語知識をすべて失っていたという仮説が確認できた。しかし、実験が進んでいくと、ズールー語とヒンドゥー語を使った経験のあるグループは統制群と比べてより効率的に音の弁別ができるようになった。この結果は、ズールー語とヒンドゥー語の経験のあったグループは、ある程度の言語知識を保持していたらしいことを示している。この場合の言語知識は、何年も前に使わなくなった言語の音韻に関するもので、本人にはその意識がなくても、脳は幼少期の言語経験のいくらかを覚えていたのだ。

このような結果をもとにして、もう使わなくなってしまうとその言語は完全に忘れ去られると結論するのは早計だ。しかし、これらの研究は重要だ。なぜなら、言語間の相互作用について情報を提供してくれるだけでなく、脳の可塑性や、私たちの言語喪失の過程さえも教えてくれるからだ。

この章では、脳障害を負った患者の言語行動の研究と脳機能イメージングを使った健常者の脳活動に関する研究を解説しながら、二つの言語が脳内でどのように処理されているのかを検討してきた。また、特に言語操作機能が脳内にどのように組み込まれているかに着目した。言語の知識があることだけでなく、それをどう使う（操作する）かを知っていることがいかに重要かを理解してもらえただろうか。

この分野で多くのことが分かってきたが、まだ分からないことは数多い。もし進化の途上にある優れた生き物であるバベル魚があらゆる言語を翻訳するときに使っていたメカニズムを分析することができれば、この課題はもっと簡単になるだろう。残念なことに、ダグラス・アダムズは、この秘密を持って逝ってしまった。技術者たちは、解明しようとしているが。(9)

(9)　その例の一つが、ウェヴァリー・ラブズ（Waverly Labs）という会社で、異なる言語を話す人々の間のコミュニケーションを可能にする同時通訳デバイスの開発を目指している。その製品の一つは、会話中に使う小さなヘッドフォンで、発話されたメッセージは、ヘッドフォンが接続されている電話によって受信されて、会話している人が希望する言語に翻訳される。したがって、異なる言語を話す二人が会話をすることができる。まるでそれぞれ耳にバベル魚を入れているようなものだ。

第三章　二つの言語を使うとどうなるか？
バイリンガリズムはどのように脳をかたち作るのか？

世界の多くの地域で、バイリンガリズムは、社会的、政治的な状況と切り離せない面がある。というのは、バイリンガリズムは、多くの場合、海外移住や国民意識などのファクターとつながっているからだ。そのため、バイリンガルを経験することは危険だとか利点があるとかいう、興味深いが厳密には客観的とは言えない主張が出てくる。「バイリンガリズムは言語発達と言語の正しい使い方に悪影響を及ぼす」と言う人もいれば、さらに極端なケースでは、二、三十年前の「知の巨人」の中には、バイリンガリズムは、統合失調症などの精神疾患を引き起こすと考える人もいた。今日、そのような極論はそれほど多くないが、いまだにバイリンガリズムによってダメージがあるかも知れないと警告する人がいる。このような意見はしばしばバイリンガル教育の形式を疑問視するのに使われる。

一方で、近年の研究の中には、二つの言語を使うことによってより早く発達する認知能力もあることを示すものがあるが、バイリンガル話者の方が頭がいいことを示す証拠だというメディアの宣伝に使われることもある。前の章で見たように、これはまったく新しい意見というわけではない。一九六〇年代に高名な神経外科医、ワイルダー・ペンフィールドは、カナダの新聞に載ったインタビュー記事の中で、バイリンガル話者の脳の方が優秀だと語っている。五十年後、私はニューヨーク・タイムズのインタビューを受けた。それは、「なぜバイリンガル話者の方が頭がいいのか？」というとても強い主張をする記事のためだった。繰り返しになるが、二言語が共存する地域で国民意識を高めようとする社会のリーダー格や政治家たちは、バイリンガル教育を推進しようとこれを使う。スペインで、私がメディアの取材を受けるたびにいつも目にするのは、このような両極化していて、バイリンガル有害論か有益論のどちらかに偏ったもので、その両面に光を当てようとするものはあまりなく、バイリンガル研究を武器として使うのだ。

さらに、このような意見の多くは、厳密な科学的知識に基づいていない。実際、状況はもっとひどいものだ。というのも、何らかの科学的証拠に基づいていても、伝えられる内容はおもしろくなるように曲げられて、一般の人々を混乱させたり、この分野の将来的な研究を妨げることになりかねない。カスティーリャ語の最古の文書である『エミリアン・グロッセ（Emilian Glosses）』には、ラテン語の注釈が、カスティーリャ語（ナバーラ・アラゴン語）、ラテン語、バスク語の三言語で書かれていたことを考えてみよう。それからほとんど進歩していないわけだ。失礼、政治的な話はここまでにして、科学に戻ることにしよう。

私たちが興味を持っている科学的問いは、バイリンガル経験が言語処理や認知、脳の発達にどのような影響を及ぼすかなのである。この章では、主に言語処理に着目し、バイリンガル経験がその他の認知能力にどんな影響を与えるかという疑問は次の章で扱うことにする。バイリンガリズムの言語処理への影響を分析するには、バイリンガル話者とモノリンガル話者の言語行動を比較する必要がある。そして、ちょうど、社会階層の違いや性別、国別比較などさまざまな人間集団を比較するのと同じで、導かれた結論はいつも……慎重を要する。別の言い方をすれば、女性は男性よりも特定の知的行為において優れている、またはその逆、という発見をするのは、偏見のない正しいことは言えない。

混乱を避けるために、自明のことから始めよう。バイリンガル経験が、個人の言語能力や、その他のどんな認知的領域にも劇的な影響を及ぼすことはなさそうだ。誰でも知っているように、バイリンガル話者には、自分の母語（と、そうでない言語）で自分の言いたいことを苦労のそぶりもなく言える人や、少なくともモノリンガル話者と遜色なくできる人がいる。なので、第二言語を習得したからと言って、第一言語が崩れてしまうような害はないとみてよいだろう。ただし、第二章で触れた、養子に取られて母語を使わなくなった子どもたちは別だが。他方、バイリンガル話者はモノリンガル話者よりも「頭が良い」ということもなさそうで、認知能力に関してはこの二つの話者グループで目立った違いはなさそうだ。だから、チェスの対戦相手がバイリンガルかどうかで気をもむことはない。はっきりしたことを述べたので、次に、いくつかの認知能力でバイリンガルとモノリンガル話者の間にみられる違いを見てみよう。面白いのは、さまざまな認知過程がどのように相互作用するのかを理解するのに、そのような違いが有益なことだ。では、さっそくバイリンガル経験が言語処理上、何か困難を伴うのかという問いに答えることから始めよう。

言語使用頻度と言語間の干渉

私は大抵学生たちに次の例を示す。ファンとディビッドがテニスの試合をするところだ。ファンは毎日午後三時間テニスを練習するが、ディビッドは一時間半だけで残りの一時間半はスカッシュをする。どちらが試合に勝つだろうか。大半の学生は「これだけでは情報不足だ、その他のいろいろな要因を知らなければ、妥当な予測はできない」と言って、自分たちは頭が良くてしっかり考えているところを見せようとする。しかし、私はそう簡単に学生たちを放免しない。次のように情報を追加する。ファンとディビッドはテニスに関係あることについてはほかにまったく差はない。テニスを始めた年齢も同じで、身長も同じ、運動神経も同じ、などなど。ここで、学生たちはファンの方に賭ける。理由は、ファンはディビッドより二倍の時間練習するから、それ以外まったく同じなら、ファンが勝つに違いないと。確かに、学生たちは、ディビットは二種目のスポーツができるがファンは一つだけだとも指摘するが、それは別の話だ。

たぶん、スポーツの練習と語学の練習の類似性にもう気がついているだろう。ファンはスポーツを一種目だけ（テニス）毎日午後練習する。それは一言語（スペイン語）練習するということだ。対して、ディビッドは二種目（テニスとスカッシュ）だから、二言語（スペイン語と英語）練習するようなものだ。なので、この類似性が正しいなら、予想できることは、モノリンガルの人の方が、バイリンガルの人と比べて、自分の言語を練習する頻度はより高いわけなので、その言語をより効率的に使うことができるはずだ。ここまでの説明で分かったと思うが、私たちが頻繁に、たとえば、ことば（語彙）を使うほど、それらのことばを書いたり話したりするときには素早く、正確に引き出せ、読んだり聞いたりするときには理解することができるようになる。話すとき、馴染みの薄い語（「洞窟」）に比べて、身近な語（「テーブル」）の方がより素早く、正確に引き出せる傾向がある。それから、馴染みの薄い語を引き出そうとすると、よく（のどまで出かかっているのに思い出せない）「舌先（tip of the tongue）現象」に陥ってしまう（これが自分の母親の名前だったら、誰にも生じない）。どうやったら分かるだろうか。ここで証明してみよう。半人半馬の神話上の生き物の名前を言ってほしい。チクタク・チクタク・チクタク。名前が出てきたなら、おめでとう。安心して読み進めていい。喉まで出かかったという人には、ちょっとイライラしてもらおう。答えはこのセクションの最後まで教えないことにする。いや、分かった。ヒントを差し上げよう。それは「ケ」で始まる。

バイリンガリズムの影響を受ける言語能力があることを示す研究がいくつかある。バイリンガル話者は、発話課題において、モノリンガル話者よりも語彙にアクセスするのに時間がかかり、正確性も落ちる。これは、呈示された絵の名前を言う命名課題を用いた実験によって明らかにされた。

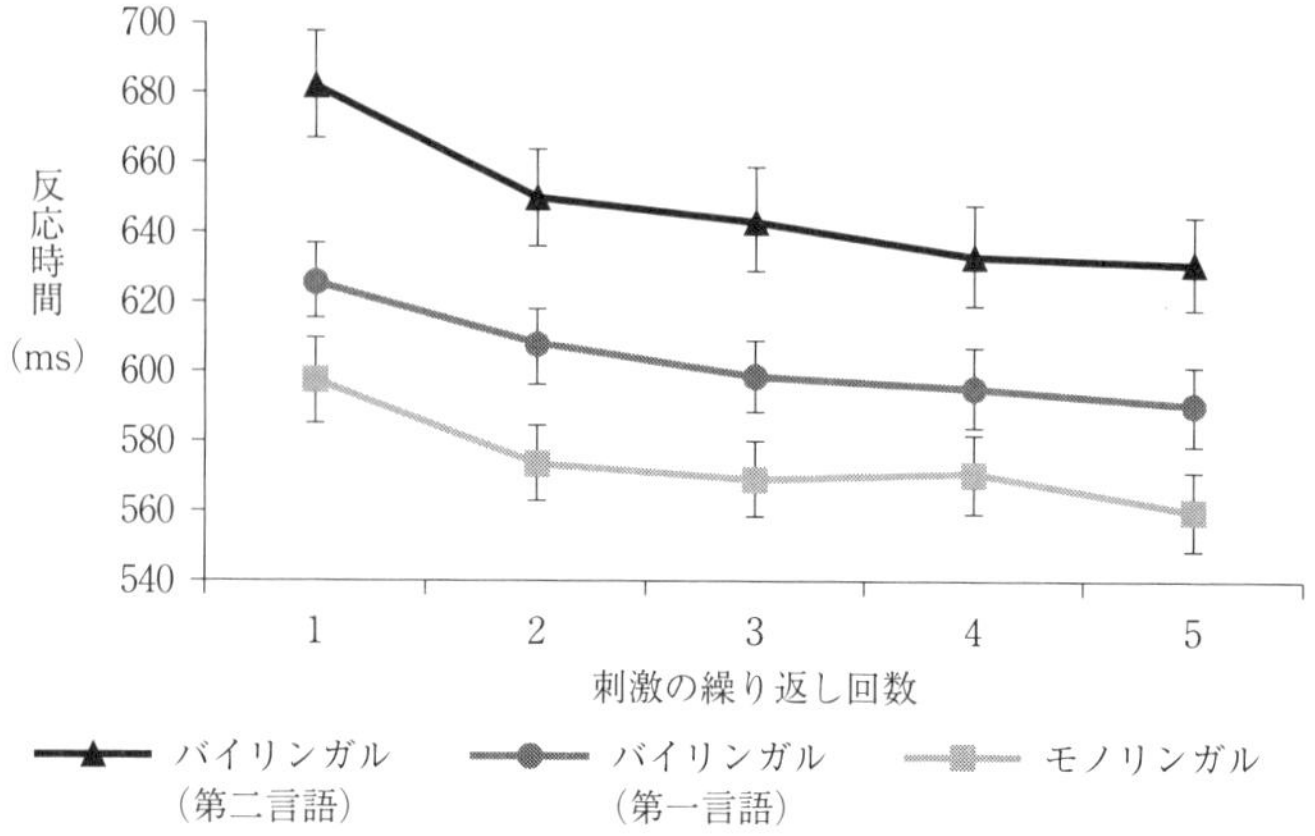

図 3.1　描画命名実験の結果。バイリンガル話者が第一言語と第二言語で課題を行った場合とモノリンガル話者の反応時間（ミリ秒）。X 軸は刺激の繰り返し回数を表す。課題を繰り返すほど、応答反応時間は減少するが、三つの条件間の差は一定である。

実験参加者はただ、コンピュータの画面に表れたものの名前をできるだけ素早く、間違えないように声に出して言うように指示される。絵が画面に表れた時間からその名前を口に出して言うまでどのくらいの時間がかかるだろうか。若い人なら、平均六百ミリ秒でできる。そんなに悪くないのではないだろうか。特に、メンタル・レキシコン（心的辞書）に記憶している何千という語彙から適切なものを選んでいるということを考えればだ。

バイリンガル話者がこの課題をやると、モノリンガル話者よりもっと時間がかかり、誤答も多くなる（図3・1参照）。もしこれがバイリンガル話者が第二言語で命名課題をやった場合とモノリンガル話者が自分の言語（第一言語）でやった場合を比較した場合にそうなら、条件が公平でないので、それほど驚くことではないだろう。いろいろあるにしても、バイリンガル話者が第二言語では言語運用能力が下がるのは驚くことではない。というのは、バイリンガル話者個人の内で第一言語と第二言語では課題の達成度に差があることがよく見られるからだ。それに加えて、その他の研究から分かっているのだが、語彙を習得した年齢と、その語彙を処理するのに要する時間と正確性の間には負の相関がある。習得時期が早期であれば、処理時間は短く、正確性も高い。むしろ驚くのは、バイリンガル話者とモノリンガル話者の言語運用能力の差は、どちらの話者も第一言語（モノリンガルの場合は唯一の言語）で命名課題をした時にも観察されるということだ。確かに両者の差はそんなに大きくはないが（約三〇ミリ秒）、命名課題は比較的やさしい。差はこの程度だが、言語の使い方がもっと複雑になったときの話者の言語行動を分析したときに、これがどの程度拡大（あるいは縮小）するのかは、まだこれからだ。

公正でより正確を期すために言えば、このような差は、別の言語に訳したときに類似性の低い語（英語の「table（テーブル）」はスペイン語では「mesa」）の場合にもっと大きくなる。ちなみに、そういう語は「非同根語」と呼ばれる。その反面、両言語で似ている語（英語の「guitar（ギター）」とスペイン語の「guitarra」）は、バイリンガルと関係したスピードの遅れが出るわけではない。

バイリンガル話者はメンタル・レキシコンへのアクセスの点でモノリンガル話者より効率が悪いことは次のような事実からも実証できる。バイリンガル話者はモノリンガル話者よりも頻繁に舌先現象を示すことが観察されている。想像できると思うが、この手の研究はやりにくい。というのは、この現象が生じるように仕組むのが難しいからだ。カリフォルニア大学サンディエゴ校のタマル・ゴランはその方法を考案した。それは、出現頻度の低い語の定義を次々と呈示して、参加者にそれに相当する語を言ってもらうという方法だ。先ほど私が神話上の生き物の名前を使って行ったのと基本的に同じ方法だ。それに加えて、また驚きだったのは、バイリンガル話者が知っているどちらの言語で答えてもよいと言われても舌先現象は生じるということだ。ということは、アクセスの効率性の差は、どちらか一方の言語が他方の言語をブロックしているというわけではないらしい。

脳損傷患者の言語能力を調べるのによく使われる課題には、言語流暢性を利用したものがある。課題はとても簡単で、読者のあなたも誰にでも試すことができる（確か、これを使ったテレビのゲーム番組があったはずだ）。実験するときの指示文はこうだ。「一分間で思いつく動物の名前をできるだけたくさん言ってください。一つの言語で、また同じ語を繰り返さないように言ってください」。この課題では、心的辞書にすばやくアクセスすることが必要で、同じ語を繰り返さないように言う語をコントロールする必要もある。バイリンガル話者は、モノリンガル話者よりも出せる語の数が少ないことが明らかにされている。このことから、語へのアクセスは、バイリンガル話者の方が負荷が大きいと言えそうである。

このような実験結果から、とりわけ、バイリンガル話者の言語経験が語彙アクセス過程の効率性に影響すると言えそうである。このような影響は、それぞれの言語の使用頻度の差による場合があり、第一言語の処理過程中に生じる第二言語を原因とする妨害による場合もありうる。前章で議論したように、そのような妨害は、バイリンガル話者は使っていない言語をシャットダウンできないために結果として生じるのだ。たとえば、先ほど説明した語彙流暢性課題をちょっと見てみよう。語を言うときに別の言語で言ってしまわないようにしなければならない。そのため、バイリンガル話者は、言おうとする語に由来する妨害が生じないようにいつも抑え込んでいる必要がある。したがって、あるカテゴリーに属する語を限られた時間内にできるだけたくさん言うという時間のプレッシャーがある状況の下で、このような妨害があると課題の達成度が悪くなる可能性がある。

このような例はほかにもある。一方の言語を使っていると、後でもう一方の言語を使おうというときに負の影響があることが明らかにされている。バイリンガルの実験参加者たちに、第二言語で線画の名前を次々に言ってもらうとしよう。その後、新しい線画も含めて先ほどと同じ線画を、今度は第一言語で言ってもらう。原則として、この二つ目の課題では、前に呈示された絵の命名反応は早いと考えるのではないか。なぜなら、少なくとも絵を認識するのは簡単になっているはずだから。ところが、実はそうではないのだ。命名反応は、新しく呈示された絵よりも前に見せられたものの方が大変なようなのだ。それはまるで第二言語で何かの名前を言った後だと、第一言語で言うのが難しくなるかのようだ。これはもしかすると、二つの言語が互いに妨害し合うことを示しているのかも知れない。あるいは、言ってみれば、第二言語を話している間、どれくらい強く第一言語が押さえ込まれているのかを示すとも言えるかも知れない。第二章で言語のコード・スイッチングを扱ったときに、これと似たような研究結果に触れた。

では、「舌先現象」状態の影響を考えてみよう。すでに見たように、舌先現象が起きるのは、大抵、普段あまり使わないことばや、出現頻度の低いことばを思い出そうとするときだ。バイリンガル話者がそれぞれの言語で使うことばは、モノリンガル話者が使うことばよりも使用頻度が低いと考えてよい。もっと簡単に言うと、私が英語を使う間は、スペイン語は使わないわけだから、モノリンガル話者よりもバイリンガル話者の方が、使用頻度の低いことばが多くあると言えるだろう。そして、舌先現象を引き起こすのはそういうことばなのだから、バイリンガル話者の方が、どちらの言語でも舌先現象を経験しやすいということになる。

しかし、ここで注意しておかなければならないのは、今説明したような舌先現象の効果は劇的に大きいわけではなく、バイリンガルにしてもモノリンガルにしても個人差がある。言い換えれば、どのように言語を使うかはさまざまな要因に左右されるので、バイリンガルかどうかだけでその人がどんな言語経験をするのかをうまく予測することはできない。バイリンガルであることでどれだけうまく言語を使えるかは、一つの要因に過ぎず、他にも多くの要因があるのだ。テニスの練習と言語能力の比喩にもどろう。私の学生たちは賢いので慎重だ。そしてこう言う。ファンとディビッドの練習時間しか分からないのでは情報不足だ、だから、どちらがテニスの試合に勝つかは決められないと。それと同様に、バイリンガルであろうとモノリンガルであろうと、特定の話者グループの言語能力について語るのは慎重な方がよい。さて、ここで私は約束を果たして、読者の中で舌先現象に陥った方々に救いの手を差し伸べよう。問題は、神話上の半人半馬の生き物の名前は？だった。答えはケンタウロスだ。

心的辞書

バイリンガルであることと関連のありそうなもう一つの影響は、語彙力が劣る可能性があることだ。バイリンガル話者はモノリンガル話者と比べて、知っている語彙が本当に少ないのだろうか。この問いを順序立てて、最初から考えてみよう。

新しいことば（語）を習得する能力は一生の間有効で、事実、習得が止まってしまうことはない。つまり、言語に関係するそのほかの能力は年齢とともに劇的に低下する（第一章で議論した知覚適応現象を思い出してほしい）が、加齢がそれほど語彙習得に影響するようには見えない。二〇一八年一二月に広辞苑第七版に加えられた新語を考えてみよう。(10) 安全神話、いらっと、価格帯、可視化、がっつり、口パク、小悪魔、婚活、自撮り、卒乳、無茶振り、雑味、美品、ロコモティブ症候群。新語は、日常的によく使われていないとなかなか辞書に追加されないということを考えると、あなたは、ほとんど知っていたかも知れないが、最近覚えたものが多いのではないだろうか。新語をいくつくらい覚えられるかは、どれくらい豊かな言語経験ができるかによって変わってくる。言い換

(10)［訳注］スペイン語原著では、スペイン国立言語アカデミーが二〇一四年に認定した新語を、英語版では「オックスフォード英語辞典」二〇一八年版に載った新語を紹介している。

えれば、言語経験がスポーツ記事やテレビのトークショーに限られていたら新語を習得するのは難しい。ほかの活動の方が、もっと刺激的だし、言語的に――それから認知的にも――得るものがある。冗談ではなく。

語彙習得能力は一生続くと分かった上で、あなたは何語くらい知っているかを考えたことがあるだろうか。二千語、一万語、二万語……実は、もう少し多いのだ。ある算出によると、高等教育を受けた人なら普通三万五千語くらいの語彙がある。悪くない数字ではないだろうか。当然のことながら、だからと言って、私たちが日頃からこのほとんどの語彙を使っているわけではない。実のところ、日常的に使うのはわずか千語程度に過ぎない（がっかりしないでもらいたい。セルヴァンテスは、全作品の中で合計約八千語しか使っていないと言われている）。

ここでちょっと立ち止まって、スペイン語話者の語彙サイズを推計した最近の研究を分析してみよう。この研究は、新しい技術を利用したら、知りたい疑問の答えをどのように見つけられるかを示している見事な例だと思う。それが、この研究の目的だ。これは、私の同僚である、バスク認知・脳・言語センター（ＢＣＢＬ）のジョン・アンドニ・ドゥニャベイティアとマニュエル・キャレイラスが行ったものだ。私たちの大多数が携帯電話やタブレット、インターネット接続のあるコンピュータを持っていることをうまく利用して、彼らは、わずか四分でユーザーの語彙レベルを正確に推定できるプラットフォームを立ち上げた。ゲント大学がまとめた語彙テストを検索すれば試してみることができる。課題はシンプルだ。画面に文字列が表れるので、実験参加者はそれがテストの対象言語に存在する語かどうかを判断する。これは「語彙判断課題」と呼ばれる。簡単そうに見えるが、ちょっと待ってほしい。「home」は正しい英単語で「hofe」はそうではないと誰でも知っているが、「abstemious」、「ocubavious」、「aplomb」、「coclomp」はどうだろうか。すぐに答えを教えてはやさしすぎるので、今は教えないことにする。

このテストの長所の一つが、テスト完了までのスピードであるのは間違いない。というのは、毎回ユーザーがこれを始めると、システムが、正しい語と人造語合わせてほぼ五万語のデータベースから抽出して無作為に百の文字列を作り出すからだ。この無作為生成に加えて、私たちが毎日使うデバイスでテストが受けられるという手軽さから、システム立ち上げからわずか数週間のうちにテストを受ける人が何十万人も出てもおかしくない。参加者一人あたりの正答率が分かれば、たとえばスペイン語話者とか、話者のタイプごとの平均語彙サイズが推定できる（指標の計算はもう少し複雑だが、ここではこれで十分だ）。図3・2にあるように、私たちの知っている語彙数は年齢が上がるにつれて増加する（だから、Words with Friendsやスクラブルをおじいさんとやるのは、不利かも知れない）。研究では、語彙サイズの男女差も調べているが、私は友だちをなくしたくないので、その答えは読者自身で調べてもらうことにしよう。ところで、「abstemious（「暴飲暴食しない」という意味）」と「aplomb（「冷静、自信」という意味）」は正しい語だが、「ocubavious」と「coclomp」はそうではない。

さて、語彙発達へのバイリンガリズムの影響を議論する前に、二つのことを考えなければならな

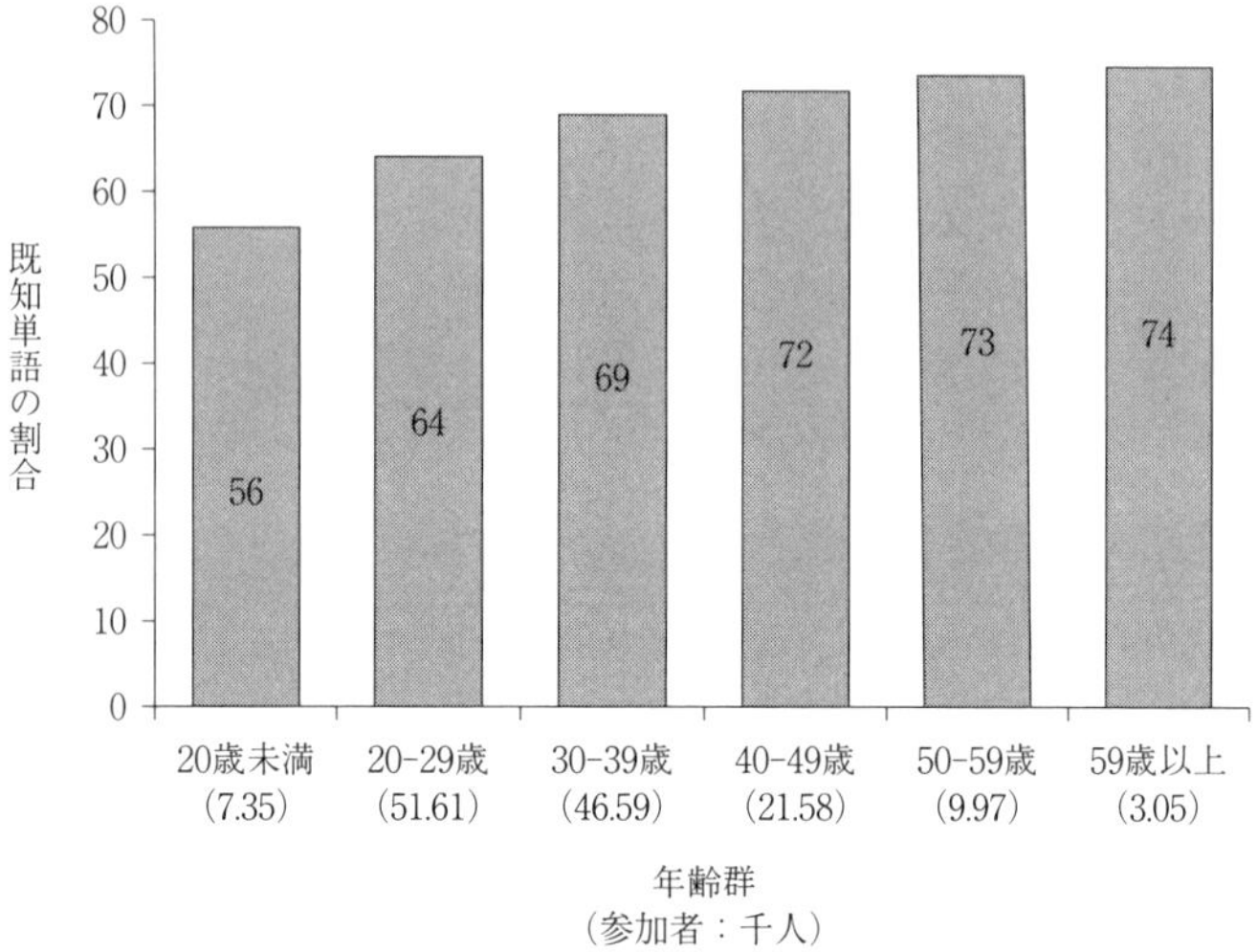

図 3.2　既知単語の年齢別の割合。グラフから明らかなように、割合は年齢とともに増加する。各年齢グループの参加者数は括弧内に表示。

い。まず第一に、新しいことばは、いつでも覚えることができる。実際、私たちは、意識しなくても、絶えずそうしている。第二に、私たちの語彙力（ボキャブラリー）は、大体において、新しい語がより頻繁に使われる状況にどれだけ身をおいているかに関係している。

いくつかの研究から、バイリンガル話者の二言語の語彙は、モノリンガル話者の語彙と比べて少ないことが明らかにされている。例として、トロントのヨーク大学のエレン・ビアリストクらが行った研究を見てみよう。その中で、三歳から十歳の約二千人の子どもたちの受容語彙力を調べた。「受容語彙」とは、日常的に使っているかいないかに関係なく、聞いたときに認識できて、意味が分かる語を指す。この実験にあたって、ピアリストクらは、ピーボディー絵画語彙テストと呼ばれる標準テストを実施した。英語を母語とするモノリンガルの子どもと英語と他言語を話すバイリンガルの子どもを対象とした。どの年齢層でも、語彙力はモノリンガルの子どもの方が高かった。面白いことに、モノリンガルの子どもがバイリンガルの子どもを数で上回ったのは、ほとんどが家庭内で使われる語彙であった。そして、学校で使われる語彙を調べたところ、両グループの差は消滅した。これはうなずけるだろう。結局、学校という状況の下では、どの子どもも同じ語彙に触れ、経験していたのだ（少なくともこの研究では）。この最後の点は重要である。というのは、学校語彙のサイズからうまく学業成績を予測できるからだ。学校語彙では差がなかったという事実から、バイリンガルの子どもたちは学業成績には語彙サイズの影響を受けていないことがうかがえる。いずれにせよ、この研究とその後の研究から、バイリンガル話者の方が心的辞書のサイズが小さいというのは、成人でも二十歳から八十歳くらいにまで広く見られる。

このような結果の解釈には注意が必要で、ご想像のとおり、バイリンガル教育反対論者にとっては絶好の攻撃材料となる。まず、バイリンガル話者とモノリンガル話者の語彙の差がどれくらい大きいのかを見る必要がある。「マグニチュード」とか「効果量」と呼ばれる指標だ。説明しよう。研究によって症状を和らげる効果が実証された風邪薬を飲んだとしよう。言い方を変えると、無作為に一つの患者グループにはこの薬を、別のグループにはプラシーボ（偽薬）を投与したとすると、プラシーボ・グループと比較して薬グループの方が概して短い時間で症状がなくなるということだ。

完璧だ！　よく分かった、その薬を買おう。でも、ちょっと待って。どれだけ症状が緩和したかを考えてほしい。つまり、薬が効いたかどうかというより、「どれだけ」効いたかを考えるということだ。もし症状が二日短くなるなら薬を買いたいと思うかも知れないが、たった二時間しか短くならないなら考え直したくなるかも知れない（どのみち、薬を飲んでも飲まなくても同じくらいの日数、症状が続くわけだ）。語彙数の差にしても同じ話だ。前述の研究で行った実験の結果が平均値百で、標準偏差十五だ。そうすると、全体的に大多数の子どものスコアは八十五から百一五となる。一方、バイリンガルの子どものスコアの平均値はどうか。九十五から百だ。では、モノリンガルの子どもはというと百三から百十。つまり、みんな子ども全体の平均値に極めて近いということだ。そうなると、バイリンガル話者の語彙サイズが小さいのは確かだが、それは比較的わずかでしかない。

一方、私たちは集団の標準を特定の個人に当てはめてしまい、たとえば、自分の子どもがバイリンガルの環境で育てば、モノリンガルの環境で育ったときより、その子の語彙は必ず小さくなると考えてしまいがちだ。そう考えてはいけない。集団の標準を個人に当てはめるのはよくないし、この場合はさらにそうだ。図3・3を見てみよう。この図はバイリンガルとモノリンガルの子どもの語彙テストの成績の分布を示している。X軸はテストの点数、Y軸はそれぞれの点数をとった子どもの比率（%）を表している。

実線のポイント（●）または破線のポイント（■）の高い方が、その集団の子どもがX軸の語彙得点域にいる比率（%）が高いことを示している。たとえば、七十〜七十九点の得点域には、バイ

上野達弘・奥邨弘司　編著

高機能生成AIは著作権の夢をみるか？　世界各国の最新動向と我が国における議論状況を踏まえ、今後の法規制の在り方を検討する。

定価3,300円
ISBN978-4-326-40435-3

● 2020年10月刊行・ロングセラー13刷

思考力改善ドリル　批判的思考から科学的思考へ

植原 亮　著

クイズ感覚で問題を解いてクリティカル・シンキングの力を養い、科学リテラシーがぐんぐん身に着く！　考える力を磨くための27章。

定価2,200円
ISBN978-4-326-10285-3

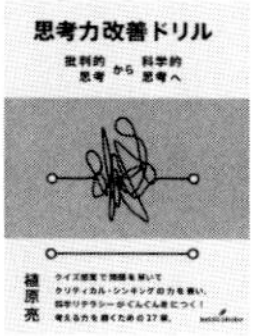

● 2020年2月刊行・ロングセラー6刷

実践・倫理学　現代の問題を考えるために

児玉 聡　著

判断の難しい現代社会の倫理的な問題を、どう考え、どう判断し、どう行動すればよいのか。倫理学的な考え方を学びたい人への道案内。

定価2,750円
ISBN978-4-326-15463-0

6月の重版

対話型論証ですすめる探究ワーク
松下佳代・前田秀樹・田中孝平

各教科の「探究」や「総合的な探究の時間」で活用できるワークブック。学校で生徒や教師が「対話型論証」を実践する上で役立つ一冊。

B5 判並製 176 頁　定価 1980 円
ISBN978-4-326-25164-3　1 版 2 刷

比較政治学入門
岩崎正洋

政治とは何かを知るために必要不可欠な要素を盛り込みつつ、国際的な視点からの比較を通じて、より深い理解を促すテキストが誕生。

A5 判並製 272 頁　定価 3080 円
ISBN978-4-326-30238-3　1 版 4 刷

勁草法律実務シリーズ
再生可能エネルギー法務［改訂版］
第一東京弁護士会環境保全対策委員会 編

2022 年改正再エネ特措法対応！　太陽光発電等電源ごとの基礎知識、制度の状況を整理し、導入・運用、ファイナンス実務を解説。

A5 判並製 608 頁　定価 6820 円
ISBN978-4-326-40409-4　2 版 2 刷

民法〔財産法〕講義［第 2 版］
長坂 純

2020 年 4 月 1 日施行改正債権法に加え、その後の関連法規改正に対応し、民法の財産法分野を通して解説する、最新教科書第2版。

A5 判並製 432 頁　定価 3960 円
ISBN978-4-326-40417-9　2 版 2 刷

社会システム　上
或る普遍的理論の要綱
ニクラス・ルーマン 著
馬場靖雄 訳

これは「社会システム理論」ではない。本書もまた社会システム（の一部）なのだ。ルーマンの転機となった著書、待望の新訳！

A5 判上製 496 頁　定価 7700 円
ISBN978-4-326-60324-4　1 版 2 刷

構築主義とは何か
上野千鶴子 編

社会学に端を発し人文諸科学を席巻するこの方法についての入門・解説書。執筆者には中堅・若手の気鋭を動員し構築主義の可能性を広く探る。

四六判上製 336 頁　定価 3520 円
ISBN978-4-326-65245-7　1 版 11 刷

脱アイデンティティ
上野千鶴子 編

人はアイデンティティなしでは生きられないのか？一貫性のある自己とは誰にとって必要なのか？　食傷気味の概念に問題提起。

四六判上製 352 頁　定価 3520 円
ISBN978-4-326-65308-9　1 版 7 刷

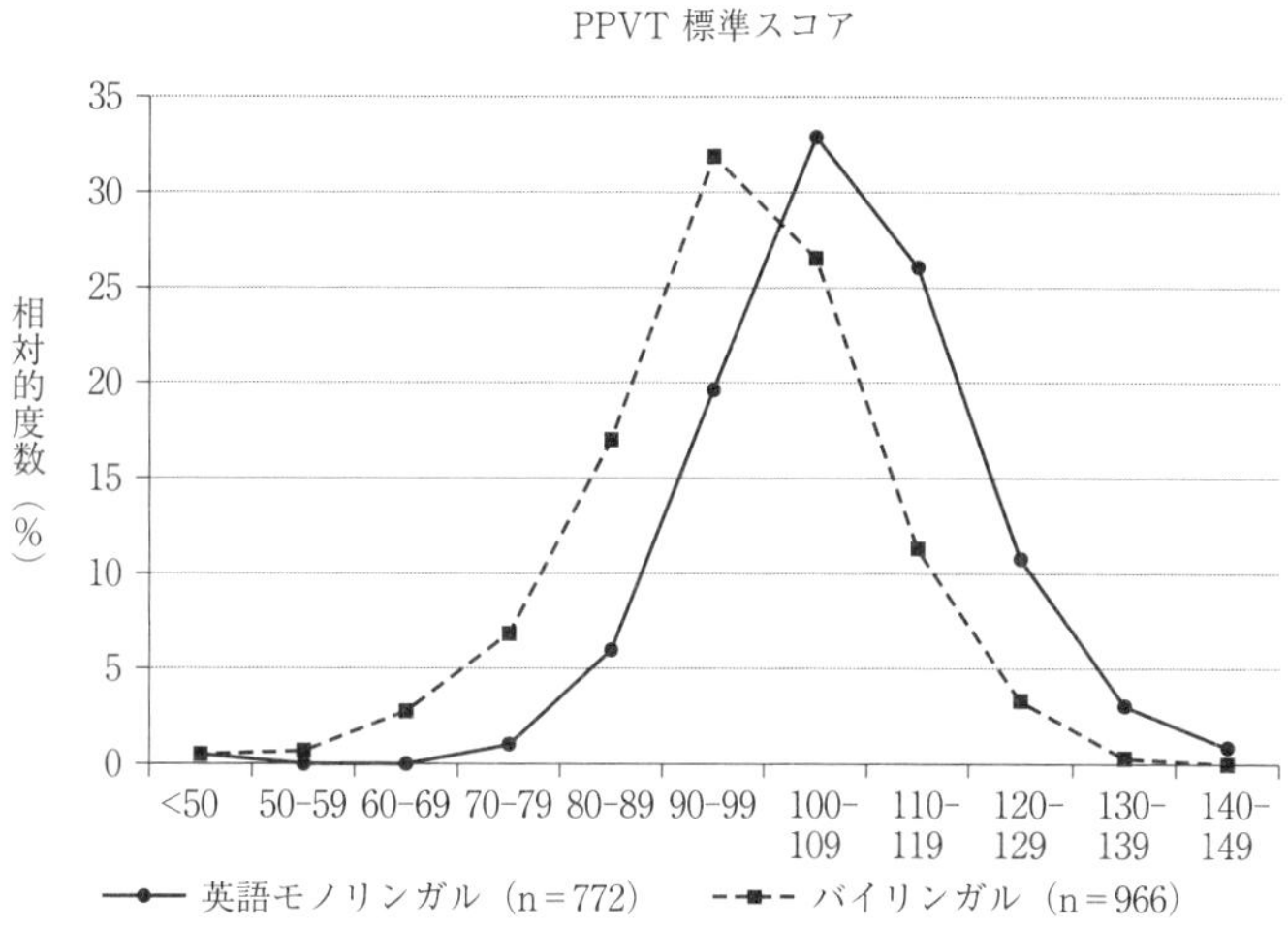

図 3.3 バイリンガル話者とモノリンガル話者の語彙数の分布。

リンガルの子どもの約七%がいるが、その得点域にはモノリンガルの子どもは、わずか一%ほどしかいないことが分かる。また、モノリンガルの子どもの大多数は百点から百二十点の間に入るが、バイリンガルの子どものほとんどが九十点と百十点の間に入ることも見てとれる。ということから、この両グループの平均スコアには差があり、モノリンガルの子どもの方が得点が高い。言い換えれば、モノリンガルの子どもの方が概してより多くの語を知っているということだが、これはすでに周知のことである。ところが、このグラフで特筆すべき点は、バイリンガル・グループとモノリンガル・グループの得点の分布の仕方が非常に似ているという点だ。これは、モノリンガルの子どもよりも高得点をとるバイリンガルの子どもが相当数いるということを示している。たとえば、バイリンガルで百十点から百十九点をマークする子どもがおり、モノリンガルで九十点から九十九点レベルの子どももいる。なので、バイリンガルの子ども、我が息子でもいいが、を一人ランダムに選んだ場合、言うまでもなく、この子がモノリンガルの子どもより必ずしも語彙サイズが小さいとは限らないし、実際、モノリンガルの子どもの集団の平均値より小さいとも限らない。では、それはなぜか。すでに前に述べたように、バイリンガリズムの他にも語彙サイズはいろいろな要因に左右される。もし私たちの言語体験が *National Geographic* 誌や学術的書物よりもスポーツ記事やトークショーに偏っていたら、セルヴァンテスのようにものを書くのは難しい。

しかし、もしバイリンガリズムが、語彙習得のメカニズムに支障をきたすと分かったら、どうだろうか。つまり、このバイリンガル話者の語彙サイズが小さいという問題が、子どもがどれくらい頻繁にそれぞれの言語の語を使うかによるのではなく、むしろ語の知識（情報）を心的に形成する過程に負の影響を及ぼすような、何らかの言語的干渉に原因があるとしたらどうなのか。第一章ですでに触れたように、赤ちゃんにはこの問題は当てはまりそうにない。というのは、もし二言語のすべての語を合計したら、バイリンガル話者はモノリンガル話者より多くの語を知っていることになるのだから。それは納得できる。なぜなら、多くの語について、バイリンガル話者は、「dog」と「perro」のように両言語でどんなに似たところがなくても、対応する訳語も習うからだ。バイリンガリズムが、語の表象形成を妨害するようには見えない、したがって、語彙習得への妨害があるようにも見えない。おそらくバイリンガル話者の語彙が少ないのは、どれくらいの頻度でその語を使うのかや、語が使われる場面に遭遇できるかの方がより深く関係している。この二つの要因が大きければ大きいほど、習得しなければならない新しい語に出会う可能性が高い。そのほかのすべての変数に違いがなければ、バイリンガル話者はモノリンガル話者に比べ、どちらの言語にも触れている時間は少なくなり、その結果、使用頻度の低い語に出会う可能性は低くなる。使われない語は習得されないか忘れられやすくなる。しかし、はっきりさせておきたいのだが、バイリンガリズムは、語彙サイズに影響しうる数ある変数の一つに過ぎず、可能性はあるが、最も関連性が高いというわけではない。

次のセクションに進む前に、このような研究がもたらす実際面への影響の一つを強調しておきたい。子どもの言語発達を見たり、脳障害患者の言語能力を検査するテストの多くは、モノリンガル話者の言語行動を前提として標準化されている。つまり、ある特定の個人の言語運用能力を比較する基準はモノリンガル話者から得られるということだ。バイリンガル話者の能力をこの対照群を基準として比較対照すると、混乱や誤診を招く可能性がある。なぜなら、そのような比較は、バイリンガル話者の第一言語の語彙を評価するのに適切ではないからだ。なので、もしあなたの子どもがバイリンガルで語彙力テストであまりよい点数が取れなくてもそれほど心配することはない。学習障害があるのではなく、不適切な尺度で測られたからかも知れない。実際はバイリンガルの子どもたちはモノリンガルの子どもより多くの語彙を習得していることはありうる。しかし、もちろん異なる二言語合わせてだが。

バイリンガリズムは、さらなる言語習得の跳躍台になる

おそらくもう聞いたことがあると思うが、二言語を話す人がさらにもう一言語を新たに身につけるのは楽だと言われる。これもまた都市伝説だろうか。言語習得能力がそれほど高くない私は、このような主張にはいつも好奇心をそそられてきた。個人的意見では、この説には面白い側面と平凡な側面とがある。平凡な考えの方は、もしバイリンガル話者が、すでに身につけている言語に幾つかの点で似ている新しい言語を習おうとしているなら、そのような類似点を習得するのは比較的優しいだろうということだ。私は一年間トリエステに住んでいた。一度も正規の授業を受けなかったが、イタリア語の相当数の語を理解することができた。明らかに、私のスペイン語とカタロニア語の知識から、私にはイタリア語を覚えるのは比較的容易なのだろう。なぜこう言うかといえば、すでに述べたように、私のイタリア語のスキルはごくわずかだからだ。しかし、もちろん、ほとんどの語は私には馴染み深いものだ。もしスペイン語に似ていない語が出てきても（イタリア語の「donna」と「tavola」は、それぞれスペイン語の「mujer（女性）」と「mesa（テーブル）」に相当する）、カタロニア語に似ていることがよくあるし（イタリア語の「donna」と「tavola」は、それぞれカタロニア語で「dona」と「taula」）、その逆だったりする。イタリア語にはスペイン語、カタロニア語との同根語が数多くある。同根語とは、共通した語源をもち、形態的に類似している語のことである。確かに、スペイン語にもカタロニア語にも似ていないイタリア語のことばもある（例、イタリア語の「quindi」はスペイン語で「por tanto（従って）」という意味に近い）。また、偽同根語と言うのもある。非常に似

た語ではあるが、意味が違う（「gamba」はイタリア語では「脚」を意味するが、スペイン語では「エビ」だ）。余談はこれくらいにして、とにかく、スペイン語とカタロニア語という、新たな言語（イタリア語）に対して類似した二言語に関する私の知識によって、どちらの言語であっても一言語しか知らない、つまりモノリンガルである場合よりも、明らかに私ははるかに有利な立場にある。注意してほしいが、ここではいくつかの言語の間の語レベルの類似性を問題にしてきたが、言語習得のその他の領域でも同じような議論や、もっと実証性の高い議論が展開できる。言語の音韻や文法上の特性がそうで、たとえば、スペイン語の単語にある文法的ジェンダーは、英語話者には習得が困難な問題である。こうしてみると、言語間の類似性は、幾つかの特徴を私たちが知っている言語から新たな言語に転用する助けになる。時には、これがもとで混乱が生じることもあるが、多くの場合には言語習得には有利にはたらく。ここでいう混乱がよく生じるのは、偽同根語に出会ったとき（英語の「terrific」は、スペイン語の「terrorifico（恐ろしい）」とは何の関連もない）や、ある言語の文法的ジェンダーを別の言語に当てはめるときである（ドイツ語の「sonne（太陽）」は女性名詞だが、スペイン語の「sol（太陽）」は男性名詞。ドイツ語の「mond（月）」は男性名詞だが、スペイン語の「luna（月）」は女性名詞）。いずれにせよ、二言語の知識があると三つ目の言語の取得が有利になるかどうかは、その言語が当該の二言語にどれくらい類似しているかということと区別して考えなければならない。これはよく聞く考えなので、もっと興味深い部分を見てみることにしよう。

成人のバイリンガル話者は、未知の人工言語の単語を習得するのが、モノリンガル話者より優れているとことを示した研究がある。その研究の一つで、ノースウェスタン大学のヴィオリカ・マリアンがリーダーとなったものでは、人工言語の単語を三つの参加者グループに学習してもらった。そのグループは、英語と中国語のバイリンガル話者、スペイン語と英語のバイリンガル話者、英語のモノリンガル話者であった。人工語は、英語の訳語とペアにして呈示された。たとえば、「cofu」は「dog」という意味という具合である。なぜ人工言語なのか。それは、こうすることによって新しい単語と英語、中国語、スペイン語の単語の間の類似性を最小限にすることができると研究者たちが考えたからだ。つまり、もともとの言語と人工言語の間で一方の特性が他方に転写される可能性を統制できるというわけだ。実験結果は、バイリンガルの二グループは、モノリンガル話者よりも多くの語を習得することができた。さらに、この習得の優位性は学習セッションの後、少なくとも一週間は続いた。この優位性が生じたメカニズムはもっと探究する必要がある。それによって、この習得の優位性がどの程度あらゆるバイリンガル話者で生じるのか、あるいは、ここで解説した研究のように、幼少時に二言語を習得した人に限られるのかを知ることができるだろう。いずれにしても、これまで分かっていることは、二言語の知識があると、それに追加して習得する言語の語彙獲得にはたらく何らかのメカニズムが発達するということである。

実験室外の環境でも、似たような結果が観察されている。英国の学校における、バイリンガルとモノリンガルの生徒のライティングおよび、形態素とスペリングの成績がそうだ。

新たな言語の習得について、バイリンガルとモノリンガル話者の違いが見られそうな領域で、まだ足を踏み入れていないところがある。言語のコントロール（制御）だ。第二章で見たように、第二言語を習得して使えるようになるためには、その言語をどうコントロール（制御）するかを学ばなければならない。この意味で、バイリンガルとモノリンガル話者が、新しい言語を習得しようという場合、バイリンガル話者の方が、その言語に適用あるいは転送できる何らかの言語制御プロセスをすでに発達させていると考えることができる。次のような比喩で考えてみたい。新しい言語に出会ったら、バイリンガル話者は三つのボールでジャグリングができるようにならなければならないが、ボール二つならもうできている。一方、モノリンガル話者はゼロからボール二つのジャグリングを習わなければならない。この場合、バイリンガル話者は有利だと考えてよいだろう。実際、前の章で紹介した言語切り替え法の実験結果から、そのことが示唆される。

思い出してほしいのだが、優勢な言語に切り替える方が劣性の言語に切り替えるよりも、負荷が大きい。ただし、このような結果になるのは、二言語の習得レベルに明らかな差がある場合だが。両言語の運用能力が十分高い話者の場合は、このような非対称性は見られず、切り替えコストはどちらの言語にも同程度である。これは、ある程度論理的な結果だ。したがって、もし両言語とも堪能なバイリンガル話者に言語切り替え課題（刺激の線画を囲む枠の色によって、堪能な言語の一つとまだよくできない第三言語を切り替える）をやってもらったら、この二言語の切り替えは非対称になるはずである。実際にやってみると、そうはならなかった。優位な言語と第三言語の言語切り替えコストのパターンは、第一言語と第二言語で課題を行ったときとまったく同じだったのである。それはまるでバイリンガルの実験参加者が、どの言語が優位かに関係なく、同じ言語制御メカニズムを使っていたかのようである。だとすれば、第三言語を使用する上で有利になる。習得にはそれほどではないが、その言語をどのように使い、制御するかには有利になり、話すときの流暢さにそれが現れるだろう。

自己中心性と「他者」視点

街中で、どこそこへどう行けばいいかを尋ねたときのことを覚えているだろうか。よく返ってくるのはこんな返事ではないか。「ここでこの通りを渡って、それから右に曲がって、二つ目のランダバウト（円形交差点）に来たら、三つ目の出口から出て、二つ目の通りを右に曲がったら着けるよ！」聞かなければよかったという気持ちになったことはないだろうか。ちょうど図３・４の漫画のように。こんな道順を教えてくれるとき、私たちがとるべきルートの地図が話し手の心の中にはある。だから、話し手は、目的地に着くまでに通り過ぎるすべての場所を知っているという有利な立場にある。しかし、あなたの問題はもっと複雑だ。なぜなら、あなたにはそのような心的な地図（メンタル・マップ）がないので、聞いた説明にそって作らなければならないからだ。左折のところを右折するような、メンタル・マップのわずかなエラーが命取りで、それでおしまい。迷子だ。

この漫画は、分かりやすいコミュニケーションがいかに難しいかをよく表している。なぜかといえば、道順を教える人の視点と、それを聞いている人の視点は同じではないからだ。人とコミュニ

図 3.4

ケーションする場合、聞き手がその状況をどんな視点から見ているのかを認識しておくことが不可欠である。私たちは自分を他者の立ち位置において、話題について他者が何を知っているのか、また、どの程度共通の基準を持っているのかを推し量らなければならない。それができないと、コミュニケーションは難しくなる。考えてほしいが、たとえば、別のタイム・ゾーンにいる人とアポイントメントをとったときに、間違えたことが何度あるだろうか。あなたは、六時に話をしようと時間を設定する。しかし、この「六時」は、ロンドンにいる話し相手の時間なのか、それより一時間進んでいるマドリードにいる人の時間なのか。基準はどちらなのか、自分なのか、他者なのか。共通の基準点を定める必要がある。そうでなければ、私たちはまた迷子になってしまう。会話をするのは、誰かとダンスをしているようなものだ。それは、他者が何をするかによって私たちの行動が左右され、絶えず他者の動きと組み合わされる共同作業だ。話し相手も話しながら同じことをする。ただし、話し相手の方が理解されたいと思っていればだが。

自分を他者の立ち位置におくのは難しいし、実際多くの場合、そうしようとしてもいわゆる「自己中心的バイアス」が伴ってしまう。「自己中心的バイアス」とは、ある特定の状況について自分が持っている情報や視点を他者も同じように持っていると思ってしまう傾向のことだ。要するに、自分はこう見ている、だからあなたもそう見ていると思うということだ。蓋を開けてみると、二言語を使う経験は、自分を他者の立場におく能力を発達させる助けになるようなのだ。シカゴ大学のキャサリン・キンズラーとボアズ・ケイサーが行った研究を見てみよう。どのように話者の視点を検証するのかを示す例になっている。実験は簡単だが、よく工夫されている。

この実験は単純だが独創性に富んでいる。二人の人が参加して、一人は「ディレクター」と呼ばれ、実験者と同じようにどんな実験なのかを知った上で、教示に従う。ディレクターはもう一人の人に指示を与えなければならない。この人はいわゆる「ナイーヴな」参加者、つまり実験の目的を知らないのである。私たちが検証したいのは、まさにこのもう一人の参加者の行動である。ディレクターと参加者は、4×4の格子状の棚で隔てられている。棚にはいくつかのものが置かれている（図3・5参照）。参加者に見えるもののうちいくつかはディレクターには見えない。このことは、

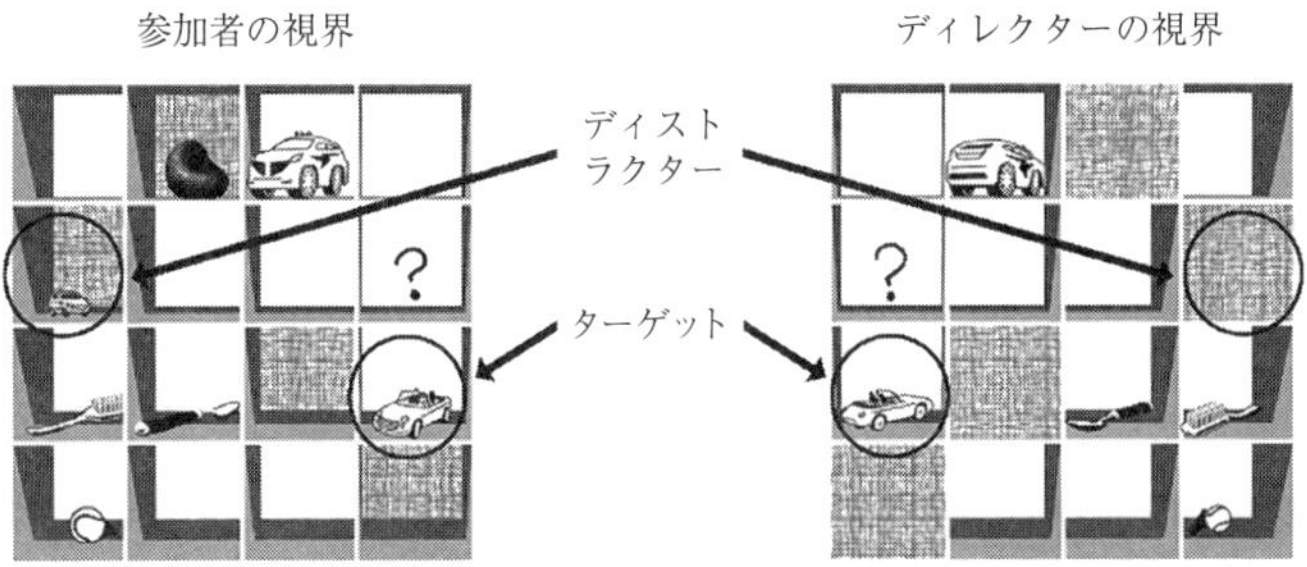

図 3.5　ディレクターと参加者の視点から見た物体の位置。見てわかる通り、参加者にしか見えない物体がいくつかある。指示を出すときにディレクターはそれらの物体を考慮に入れることができない。つまり、ディレクターはそれらがあることを知らないので、それらを指すことはできない。

両者に知らされている。したがって、自分の視点からは見えるが、ディレクターには見えないと参加者が知っているものがあるわけだ。参加者だけに見えている刺激（もの）を「ディストラクター（妨害物）」と呼ぶことにしよう。なぜそう呼ぶかはすぐ分かる。ディレクターが参加者に「小さい車をとってください」と言ったとしよう。参加者の視点からは車は三台見えている。一台は小さい車、もう一台は中くらい、そしてもう一台は大きい車なので、参加者は最も小さい車をディレクターに渡す。しかし、ここで仕掛けがある。ディレクターの視点からは、小さい車の棚はふさがれているので、見えていない。

実験参加者は、自分の視点から、ディレクターには小さい車は見えておらず、大きい車と中くらいの車しか見えないと知っている。だから、ディレクターが小さい車を求めた場合、ディレクターが三台のうち最も小さい車のことを言っているわけがない。ディレクターには車は大と中の二台しか見えないのだから。したがって、ディレクターは中型の車のことを言っているに違いない。ディレクターの視点からは、それが小さい車なのだ。要するに、ディレクターに見えているものは参加者より少なく、参加者はそれを知っている。そこで問題はこうだ。ディレクターが小さい車をとってくれと言ったとき、参加者はどうするのか。もし参加者がディレクターの視点から見ることができれば、中型の車を渡さなければならないだろう。参加者の心の中には、次のようなことが起こっているに違いない。「ディレクターは小さい車をとってくれと言っている。私からは、車が三台あるのが分かる。だから、三台のうち一番小さい車を渡すのがいい。もちろん、ディレクターには大きいのと中くらいのの二台しか見えていないことも自分は知っているから、そうすると、ディレクターが小さい車がほしいと言ったときには、自分には中型に見える車を指していることになる」。簡単な話だ。しかし、もし参加者が自己中心的バイアスに陥っていて、他者の視点を選ばなかったら、三台のうち一番小さい車をディレクターに渡すだろう。というのは、参加者の視点からは（この視点というものが非常に重要だ）、これがディレクターが求めているものということになるからだ。

「ナイーヴな」参加者である子どもには、この課題を行うのは問題となる。非常に多くの場合、子どもたちは自己中心的バイアスを表出し、自分の視点から見た対象物を渡す。話し相手の視点から見た対象物ではない。そして、興味深い発見がここにある。四歳から六歳のモノリンガルの子どもは五十％の確率で間違ったものを選んでしまう。それに対して、バイリンガルの環境で育った子どもが間違える確率は約二十％である。さらに、子どもが課題を適切に行ったかどうか（ディレクターの視点から正しいものを渡したかどうか）にかかわらず、研究者たちは、教示を聞いたあと視線がどこに向いていたかを計測した。つまり、最初の反応を計測したわけだ。それで分かったことは、モノリンガルの子どもは、ディストラクターの方に視線を向けることが多いのである。すなわち、教示直後の子どもたちの状況把握は自己中心的なのだ。しかし、まだ驚きがある。バイリンガルの子どもは、実験の時点で二言語を使っていてもいなくても、課題成績がよいのである。このような優れた結果を示すのには、バイリンガル環境で育ってきたということで十分なのである。

このような結果から、二言語に触れて育った子どもたちは他者の視点に自分をおく能力をより早期に発達させ、自分の視点から話し相手の視点に移動していることが示唆される。だから、次に道順を尋ねるときは、バイリンガルの人に当たることを期待しよう。

話し相手の視点に自分をおくという能力がより発達する原因は、他者の意図を読み取る能力（「マインド・リーディング」と呼ばれることもある）が早期に発達することと関係があるのかも知れない。慌てる必要はない。これは、テレビに出る透視術や占いやその類のだましとは無関係だ。私たちはみな、絶えず他者の心を読んでいる。私たちは、他者が意図や願望や知識を持っていること、そして、それはその人のうちに潜んでいるもので自分のとは違うということを知っている。たとえば、共感能力、つまり、他者の立場に立つ能力を身につけることは不可欠なことだ。簡単に言ってしまえば、他者にも自分と同じく心があり、他者のうちにある情報は開示されたりされなかったりするということを私たちは知っている。学術用語で「心の理論」と呼ばれるこの能力を、子ども時代に身につけることは、発達の基本である。この能力は共感する能力の発達を促し、社会性を身につけるのに不可欠であるばかりでなく、とりわけ、嘘をつく能力の助けになる。私の先生の一人はこう言った。「あなたの息子が嘘をついたら喜びなさい。ただし、最初のときだけ」。

研究の結果、二言語を使って育つ子どもは「心の理論」能力が、モノリンガルの子どもより早期に発達することを示唆する証左がある。しかし、子どもの他者の心を読む能力を調べることなどできるのだろうか。それを見てみよう。イタリアで行われた研究では、誤信念課題が使われた。この実験では、研究者は子どもたちに次の話を説明する。「キッチンで、男の子がチョコレート・バーを赤い入れ物に入れて、それから自分の部屋に戻って遊びました。男の子が遊んでいる間に、お母さんがキッチンに来て、チョコレート・バーを段ボールの箱に移しました」。それから、研究者は質問をする。「男の子がチョコレート・バーを食べようとキッチンに戻ったときに、男の子はどこを見ると思いますか？」あなたには答えは明々白々だ。男の子がチョコを入れたところ、赤い入れ物だ。正しい答えを出すには、参加者はこう理解していなければならない。お話の中の子どもには、自分の部屋で遊んでいる間にキッチンで何か起きたかは、分からない。したがって、男の子はチョコレート・バーを見つけようと、それを入れた場所、赤い入れ物を見るはずで、今チョコレート・バーがある場所、段ボール箱ではない。しかし、こう答えるには、参加者は、お話の中の子どもの立場に自分を置かなければならない。参加者は、自分が知っていることとお話の中の子どもが知りうることを区別できないといけない。手短に言えば、実験参加者は、他者の心を読み取るために、自分の心の中身から自分を切り離す能力が必要になる。研究の結果、四歳以下の子どもの多くがこの課題に合格できず、男の子は、今チョコレート・バーがあるところ、つまり段ボール箱の中を探すという信念を持つのである。まるで子どもたちはこう考えているようだ。「チョコレート・バーが段ボール箱に入っているって知ってる。だから、お話の中の男の子はそこを探すの」と。この研究の結果が示すところによると、おおよそ四歳で、ルーマニア語‐ハンガリー語のバイリンガルの子どもの約六十％が課題に正しく答えられた。一方で、ルーマニア語のモノリンガルの子どもでは、わずか二十五％しか正しく応答できなかった。驚きではないか。バイリンガルの子どもはモノリンガルの子どもより早期に「心の理論」能力が発達するようなのだ。

しかし、自分を他者の立場に置く能力の発達において、バイリンガリズムの効果はどこから発生するのだろうか。もしかすると、バイリンガルの赤ちゃんが両親の発する言語音を聞き分ける必要からなのかも知れない。言い換えれば、もし子どもが、両親が異なる言語で話しているのを幼少期から見ていたら、それによってある程度は両親の心は別ものだと仮想するようになるのかも知れない。そして、もし両親の心が別ものなら、自分の心もまた別のものに違いないと。「心の理論」能力の発達を促進するのはまさにこれだろう。しかし、これはまだ仮説に過ぎない。

運よく、私たち大人は誰でも誤信念課題には合格する。だからと言って、私たちがみな同じ能力を持っていて、自分とは異なる視点をとって、他者の立場に自分をおくことができるわけではない。

世界には程度の差はあっても共感力のある人々はいると納得してもらうのに、実験データを呈示する必要はないのは確かだと思う。しかし、もっと複雑な誤信念課題だと、成人であっても、バイリンガリズムに自己中心的バイアスを低下させる効果があるらしいと聞いたら驚くのではないか。

バイリンガリズム対モノリンガリズム

このセクションでは、どのようにバイリンガルの言語経験が、大脳皮質の構造と神経回路の組織と機能を形作るのかを示す私たちが得た証拠を見ていきたい。ここからの内容は、多少専門的でややこしいかも知れない。もし言語が大脳皮質にどのように表象されているかについてそれほど興味がなければ、次の章に進んでも構わない。

私たちが行うあらゆる学習は、私たちの脳に影響を及ぼす。学習が可能なのは、脳の可塑性のおかげだ。その性質があるため、新しい情報が保存されるとニューロン間に新しい結合が生じる。生涯を通じて私たちは、私たちのまわりの世界に関する事実の情報（宣言的情報）を学習する。語彙や電話番号、地域やトルティージャ（スペイン風オムレツ）の材料、街並み、お気に入りのチームの順位や周期表の元素の名前、タラの混ぜご飯はエンドウ豆が入っている方が美味しいなどなど。この手の情報は、「空で覚えている」とよく言われるものだが、神経変性病が進行すると、それがどのように失われていくかを見ることができる。また、私たちはいろいろなことをすることを学習する。歩く、自転車に乗る、泳ぐ、車を運転する、話す、読むなどである。これは手続き的情報と呼ばれるもので、これによって私たちは高度に自動化された活動を行うことができる。

言語習得にはこの二種類の異なる情報を吸収することが含まれる。というのは、一方で、語彙を習得しなければならず、もう一方で、それらの語を組み合わせる文法的プロセス（統語法）を習得する必要がある。では、二言語を習得し使用すると、脳にどのような影響があるのだろうか。別の言い方をすれば、バイリンガル話者の脳とモノリンガル話者の脳には、言語処理に関わる神経ネットワークのレベルで違いがあるのだろうか。

神経画像技術は、この問いに答えるための基盤となっている。機能的なレベルでは、複数の研究によって、バイリンガル話者とモノリンガル話者が第一言語を処理する際に、脳の特定部位の活性化レベルに違いがあることが示されている。重要な点は、これが優勢な言語についてということだ。なぜなら私たちがここで興味を持っているのは、第一言語と第二言語との言語処理における差（これは第二章ですでに議論した）というよりも、第一言語の処理がバイリンガル話者とモノリンガル話者でどの程度違うのかなのだから。デイヴィッドが打ち込んでいるスポーツ、すなわちスカッシュとテニスの喩えに戻ると、知りたいことは、二種類のスポーツを習うと、最初に覚えた方の大脳皮質上の表象にどのような作用があるのか、つまり、スカッシュを習うとテニスに関する大脳皮質上の表象にどのような影響があるのかである。

おそらく、この疑問に関するもっとも包括的研究はユニバーシティ・カレッジ・ロンドン（ロンドン大学）のキャシー・プライスらによって行われた。この研究では、高度の運用能力を持つギリ

シア語 - 英語バイリンガル話者とモノリンガル英語話者を対象に様々な言語課題に渡って脳活動が計測された。結果は、音声認識などの言語理解課題では、どちらの言語グループも脳活動は非常に類似していた。しかし、絵命名課題や音読課題などの言語生成系を要する課題では、確かに差が生じた。具体的には、バイリンガル話者において、左前頭および側頭部の五つの部位で高い賦活が見られた。各部位についての研究者たちの詳細な解釈で読者の皆さんを退屈にさせたくないので、次の点だけに触れておくことにする。他の研究でもこれらの同じ脳部位が言語の使用頻度と言語制御の効果に関係していると示唆されている。目に留めておくべき重要な点は、少なくともこの研究においては、バイリンガル話者でもモノリンガル話者でも、活性化した部位では有意な差は見られなかったことだ。確かに、バイリンガル話者の方が活性度は高かったが、大体において両話者は同じであった。この結果について、プライスらは次のことを示す証左だと解釈している。どちらの言語でも使用頻度が低いため、あるいは言語間の妨害を制御する必要から（あるいはその両方の理由により）バイリンガル話者には、モノリンガル話者と比較して、言語生成時に何らかの過剰処理が必要となる。別のグループを対象とした他の研究でも類似のパターンが示されているし、実際、第二言語の運用能力が低い場合にはこのパターンはより強く現れている。このような実験結果から示唆されることは、第二言語を習得し、使用しても、それによって第一言語の大脳皮質上の表象が根本的に影響を受けることはないが、その処理に要する努力には影響がある。特に発話時に。

しかしながら、その他の研究では、バイリンガリズムに関係する独自の特徴があることが示されている。たとえば、ジャウメ一世大学のセザール・アヴィラたちの行った研究では、第一言語であるスペイン語で様々な課題を行っている時のスペイン語－カタロニア語バイリンガル話者の脳活動を、スペイン語モノリンガル話者と比較した。すでに見たのと同様、課題の活動が聴覚呈示による語の理解を含む場合、グループ間の差は非常に小さかった。しかし、参加者が線画を命名するように教示された場合、バイリンガル話者はモノリンガル話者より広い脳のネットワークを使う傾向があることが認められた。言い換えれば、バイリンガル話者は言語処理にそれほど深く関係していない脳の部位を処理に取り込んだのである。この結果は、バイリンガル話者だけが発話の際に使用する脳の特定の部位（主に前頭前皮質）が存在するという考えを支持する可能性がある。

これらの結果から、バイリンガル話者の第一言語の大脳皮質上の表象は、一般的に、モノリンガル話者の表象に非常に似ていることが示唆される。言語処理が生じる古典的脳部位は、どちらのケースでも関係している。しかし、このことが、これらの部位の使われ方にバイリンガリズムが影響を及ぼすとは限らない。このケースですでに見たように、これらの部位の一部が単に「もっと仕事をする」必要があるのかも知れない。したがって、バイリンガル話者においてより強く活性化する脳部位があるという考えを棄却するのは早計と思われる。そして、これらの部位が制御プロセスと関連はあるが、言語知識の表象にはそれほど影響がない可能性は高いのである。

構造的変化

前のセクションで、いろいろな言語課題中の脳活動計測を行う研究を説明した。二言語を習得し使用するのは、機能上の結果をもたらすだけでなく、脳構造に関する予測も生み出す。「脳構造」という用語で、私は、基本的に「灰白質」と「白質」という二種類の細胞組織の密度と体積を指し、またまとめている。簡単に定義すると、灰白質の密度とは、大脳皮質のある一定面積の中に存在するニューロンとシナプスの数である。白質はミエリンで覆われた神経線維で、要するに有髄軸索である。これらの神経繊維はニューロン間で情報を伝達するのに基本的な組織で、ミエリンは神経インパルスが効率的に伝達されるように絶縁体の役割をする（電線のプラスチック　カバーのようなもの）。別の説明の仕方をすれば（神経学者の方々、このたとえに怒らないでもらいたい）、灰白質は情報処理するもので、白質は情報をあるところから別のところへ伝達するためのケーブルである。

新しいスキルを学習すると、灰白質と白質の密度が変化する可能性があることが分かっている。たとえば、*Nature* 誌に掲載された研究が明らかにしたのだが、ジャグリングを訓練すると、複雑な視覚–運動情報の処理と保持に関係する脳部位の灰白質に様々な変化が生じた。その他の研究では、そのような変化は、わずか一週間の訓練で生じることが示されている。*Nature Neuroscience* 誌に掲載された、最近の別の研究では、ジャグリングの訓練が白質の構造に及ぼす効果を明らかにした。学習が脳を変化させる。だから、ある意味では、知識は脳内のある場所を占める、あるいは少なくとも、脳構造的に見てその場所の構造を変化させるということができるのではないか。

事実、脳の構造を変化させるために訓練に参加する必要はないし、日常の活動によってある程度の変化が生じることも分かっている。多分、もっともよく知られた例は、ロンドンのタクシー運転手たちの脳構造に関する研究だろう。この研究では、平均十四年の経験のあるタクシー運転手と、他の変数は共通するが、タクシーの運転経験のない統制群の人々を比較[illegible]覚えておいてほしいが、この研究が行われた時点では、ナビゲーション技術は今日ほど[illegible]していなかったので、タクシー運転手はロンドンの地図を完全に暗記しなければならなかっ[illegible]研究者た[illegible]は、好奇心をそそられる発見をした。タクシー運転手の方が、空間情報の保持に深く関係のある部位、左右海馬の前部の灰白質の体積が大きかったのである。それに加えて、この増大した体積は運転経験の年数に相関していたのだ。年数が長いほど灰白質が大きいのである。つまり、経験が増[illegible]ほど灰白質が増大するのである。この結果から、私たちが日常行う活動が脳構造に作用することが示唆される。私たちの行動と学習が脳を形作るのだ。

疑問になるのは、二言語習得は何らかのかたちで大脳皮質の構造、あるい[illegible]、言うなれば脳の「構造的組織」に作用するのかである。「構造的組織」という用語を使ったことに気をつけてもらいたい。前のセクションで議論した、脳の「機能的組織」と区別するためにそうしたのだ。この疑問を分析した最初の研究で、アンドレア・メケリらはモノリンガル話者とバイリンガル話者の脳のい

(11)［訳注］中枢神経の外側を覆っている脂肪質の物質。

くつかの部位の構造を比較した。その結果、特に左下頭頂葉で、灰白質の密度が、モノリンガル話者よりもバイリンガル話者の方が大きかった。この結果は、第二言語を幼少期に習得した場合も、もっと後期に習得した場合でも現れた。加えて、第二言語の語彙がより豊富なバイリンガル話者は、同じ脳部位で密度の増加が見られた。これらの結果から、研究者たちは、第二言語の語彙を学習すると、脳の特定の部位が発達するという結論を示唆している。

脳部位の可塑性は、新しい語彙だけでなく、言語音の習得にも反映されるようだ。それは、マルチリンガル話者で発声と音韻処理に関わる部位、つまり左被殻の灰白質の密度が高くなっているという測定結果から示唆される。したがって、音韻のレパートリーがより広く、それぞれの言語で発話する動きの制御をする必要があれば、これに関連する情報の表象を司る部位の構造が影響を受けるということだ。

モノリンガル話者とバイリンガル話者の脳構造を比較する研究は、結果を因果関係によって解釈しようとすると、問題に直面することになる。これは「鶏と卵問題」のようなものだ。バイリンガルの言語経験が何らかの意味で脳を形作るのか、特別のタイプの脳組織を持った個人が言語習得にもっとも適しているため、バイリンガルになるのがより容易なのかを判別することはできないのである。もし後者が正しいのなら、バイリンガルの言語環境で育っても、それが脳構造に作用するとは言えず、脳構造と言語習得の間に関係はあっても、それは因果関係ではない。もっと日常的な言葉で説明すると、バスケット選手の平均身長とサッカー選手の平均身長を比較したら、差が見つかるだろう。しかし、だからと言って、バスケットボールを練習したから背が高くなったとか、サッカーをしたから背が低くなったとは言えない。まさに背が高かったからバスケットボール選手になったのであり、このたとえを続けると、ある人々はバイリンガルに関連する脳部位の灰白質の密度が高いとしたら、その人々は第二言語を習得して上達する能力がより高いので、バイリンガルになれることになってしまう。

因果関係による解釈の問題を解決する方法が二つある。一つは、バイリンガルの個人を、カリキュラム化された学習方法（例、学校）で第二言語を習得したのではなく、バイリンガル環境に生まれたり、生活していたという理由で評価する。つまり、英語とスペイン語を話す家庭に生まれた子どもは脳構造の範囲を超えて二言語を習得する。この子どもは、身長に関係なく、バスケットボールの仕方を覚える（もし両親がやっていれば）。したがって、もしこのタイプのバイリンガル話者の脳構造が、モノリンガル話者と比べて差があったとしても、その差は教育を通したバイリガリズム習得が理由だったと言うことはできない。それはバイリンガルという言語経験が理由だったのである。ここで二つの研究を議論してみよう。

スペイン語‐カタロニア語のバイリンガル話者を対象とした研究で、この参加者たちのバイリンガリズムは単に育った環境によるものだが、左ヘッシェル回（横側頭回）の体積（灰白質と白質の両方）が、モノリンガル話者よりも大きいという結果が出た。脳のこの領域は音韻処理プロセスに関係があり、したがって、研究者たちの導いた結論は、比較的異なる言語音を持つ二言語を使う経験が、音韻処理プロセスに深く関わる部位の発達に作用するというものだった。しかし、この領域だけで体積が増大したわけではない。似たようなスペイン語－カタロニア語のバイリンガル話者に焦点を当てた研究では、灰白質の差が脳の深い部分、最近までは言語の理解や生成といった複雑なプロセスにはあまり関与していないと考えられていた部位で生じていることを発見した。今日では、大脳基底核や視床を含むこれらの部位は、特に言語音声の発声に関わっていることが分かっている（プレート2（口絵）参照）。バイリンガル話者は、これらの部位をより大幅に利用している。なぜなら、バイリンガル話者はより多くの異なった言語音を生成しなければならないからだ。

バイリンガルの言語経験と脳の変化の因果関係を判断するもう一つ別の方法は、脳構造に対する言語習得の効果を計測する実験を行うことだ。このような研究には独自の困難点が伴う傾向がある。というのは、このような研究は縦断的に行うのが理想的なので、複数の異なる時点で参加者を分析することが求められるからだ。そのうちの一つの研究では、英語母語話者が、第二言語であるドイツ語の集中訓練中に経験した変化を分析した。第二言語習得に関係した脳活動計測は、ドイツ語を話す環境に滞在を始めた時点と、五ヶ月後の時点で行われた。学習開始からどれだけ習得したかと、言語に関係する脳部位である左下前頭回の灰白質の密度の変化には相関が認められた。ドイツ語の習得が進んだ人ほど、この部位の灰白質の密度の変化が大きかったのだ。なお、この関係は、第二言語の習得が最終的にどの能力レベルに達したかとは関係がない。習得を開始した時点と最終的に到達した時点の差に注目している。このことは、重要なのは参加者がどれだけ上達したかであってどのレベルまで上達したかではないことを暗に示している。これで分かっただろう。もしあなたの子供を留学させたら、変化は食事のときだけではなくて脳の灰白質にもあると期待しよう。

そのほかの研究でも第二言語の習得開始年齢がどのように脳構造に作用するかを分析している。その一つでは、興味深く見逃せないパターンが観察された。第二言語を幼少期を過ぎてから習得したバイリンガル話者は、モノリンガル話者と比べて、左前頭回で灰白質が多く、右前頭回では少なかったのである。それに加えて、驚くことにこの効果は生後直後から二言語を習得した人々には見られなかった。この人々はモノリンガル話者との差がなかった。

バイリンガルという言語経験は、白質の発達にも影響をもたらすようである。しかし、この主張に関する種々の研究の結果は、それほど決定的とは言えない。たとえば、脳梁（両半球をつなぐ神経繊維）に変化があることを示す実験もあるが、後頭前頭束に差を検出した研究もある。さらにまた、他の脳の神経繊維にそのような差を認めた研究もある。これらについては次の章で議論する。

最後に、バスク認知・脳・言語センター（BCBL）のマニュエル・キャレイラスなどの研究者が指摘しているように、バイリンガリズムがどのように脳を形作るのかについて、現在得られている証拠はやや決定力を欠いており、混乱もある。いろいろな研究の結果が、その研究内でもまた他の研究との間でも一致しておらず、より信頼性の高く、バイリンガリズムによって影響を受ける脳領域に関する正確な知見を提供する発表論文はあまり多くない。確かにこれは問題だが、二言語で話すといったような日常的活動と脳の可塑性の交互作用を探究し続ける好機でもある。今後数年のうちにさらに進展があることは、疑う余地がない。

この章では、バイリンガルという言語経験が言語処理に及ぼす影響に関する研究を見てきた。この章の各セクションをつなぐ主な共通点は、言語処理におけるバイリンガル話者とモノリンガル話者の比較だった。そこでは、二言語を使うために、発話において心的辞書にアクセスしにくくなったり、語彙のサイズが小さくなることに触れた。また、視点の移動や他者の心を読み取る能力などがバイリンガル経験によって促進されることもある。最後に、バイリンガリズムが脳構造の発達に影響がある可能性を示す研究も検討した。この章全体を通して確認しておきたいのは、バイリンガリズムの効果は、どのように学習が脳と相互作用を生むかをよく描き出し、貴重な情報を提供するが、その効果は比較的弱いものであることだ。あるいは、言ってみればバイリンガリズムは、私たちの言語能力と発達に影響する数多くの要因のほんの一つに過ぎず、そのために、バイリンガリズムがもたらすメリットやデメリットについて政治家などが牽強付会の意見を展開した場合、十分に注意する必要がある。少なくとも、そのようなことのために科学を用いてもらっては困る。なぜなら、多くの場合、科学者が言っていることとは違っているからだ。失礼、また言ってしまった。

第四章　バイリンガリズムは頭の体操

言語処理を超えて

私はマンハッタンのホテルで、バイリンガリズムが注意システムの発達にどのような影響を与えるかという講演の準備をしながら、この文章を書いている。二日間にわたる討論は濃密で、食事も食べきれないほどだったが、それでも私はバルセロナに戻る前にお気に入りのブロードウェイ・ミュージカルのチケットを手に入れたいと思っている。ニューヨークのような大都会を歩き回ったことがあれば、絶えずこちらの注意を引こうとする刺激の多さを経験したはずだ。広告パネルの電飾や車の騒音、消防車のサイレンなど、あなたがすれ違う様々な人々や、もちろん屋台（フードカート）から漂ってくる匂いも。それはどれもしつこいくらいにこちらの注意を引こうとする刺激である。都会は私たちの感覚にとって刺激的な経験だが、注意システムにはチャレンジでもある。注意をそらすあらゆる邪魔があっても、注意システムは、私が講演に間に合うように確実に到着できるようにしなければならないからだ。楽しいが、同時に疲れるものでもある。なぜこんな話をしているのかといえば、この章全体のテーマが、他の認知機能がある中でもバイリンガリズムが特に、注意に影響を及ぼす要因となるのはどうしてなのかだからだ。

私が参加していた学会のテーマは、科学界でもメディアでもますます話題にのぼるようになっている。二言語を継続して使用していると、その結果として認知処理実行機能制御システムにどのくらいの影響が出るのかにフォーカスが当てられていた。もっと具体的に言えば、二言語使用は、どの程度まで注意に関してポジティブな効果をもたらすのかという問いである。もしそのような効果が本当にあるなら、バイリンガリズムは、社会的、文化的、経済的レベルで影響があるだけでなく、認知処理実行機能などの極めて重要な機能の発達にも影響が及ぶはずだ。想像の通り、そのようなエビデンスは、バイリンガル話者になると認知的な問題を抱えることになるという考え（五十年前によく知れ渡った理論だ）に真っ向から対立する。

この仮説は、バイリンガル話者が行わなければならない言語の制御には認知処理実行機能制御システムに共通するプロセスが関わるという考えがもとになっている。そのため、バイリンガル話者が言語を処理する場合も、そのようなプロセスと、それに対応する中央実行機能の一部を形成する脳構造が実行される。例を見てみよう。第二章で見たように、あるモデルによれば、バイリンガル話者が一つの言語を使うとき、もう一方の言語（第二章では「使用していない言語」と呼んだ）の表象がある程度活性化される（中国語‐英語のバイリンガルを対象にした実験を思い出してほしい）。また、次のような説明もした。それは、使用していない言語の妨害を避けるために、抑制メカニズムが働き、対応する表象が潜在的競合相手として働かないようにするというものだった。こうして私たちはとりとめのないことをつぶやいたり、望みもしないのに言語を混ぜてしまったりしないようにしている。この仮説は次のことを予測する。この抑制メカニズムは、私が講演に行き、その途中で私の注意を引くあらゆる刺激によって気が散らないようにはたらくメカニズムと同じである。つまり、ホットドッグの匂いや消防車のサイレン――魅力的だが、講演に行くという目的とは無関係な――は、実行制御システムによって無視され、抑制される。そして、その抑制プロセスは、バイリンガル話者が二言語を制御するのに使うものと同じプロセスなのである。もしこの仮説が正しければ、そして人間は、大半の時間を言語を使って過ごすおしゃべりに過ぎないから、バイリンガル話者が言語を制御するためのあらゆる行動（そして時々するジャグリングも）が、さらに優れた注意システムを含意できるかも知れない。素敵な仮説ではないか。

この仮説がどのように実験的に検証されたのかを述べる前に、はっきりさせておくことがいくつかある。まず、バイリンガリズムが実行機能制御システムに関わる脳内ネットワークに作用することと、そのような作用の結果、システムの働きにポジティブな効果が観察できるかは別の問題である。私見では、ポジティブな効果と言った場合、それは行動指標として計測可能でなければならない、すなわち、ポジティブな効果が実行機能制御システムが働く課題においてより高い達成成績という結果として生じるかということだ。もしバイリンガル話者がモノリンガル話者よりも注意をそらさずにマンハッタンを歩き回り、慌てないで話ができるなら、それは観察できるポジティブな効果と言えるだろう。反対に、もしバイリンガルでもモノリンガルでも、同じくらい正確に話すことができるが、比較的違う脳内ネットワークを使っていたら、注意に関してポジティブな効果と言えるかはあやしいだろう。もちろん、このようなケースは「理論的」観点からは、確かに関連のあるおもしろい事例となるが、「行動指標」としてポジティブな効果とは言えないのではないか。

次に、バイリンガリズムの効果の大きさ（マグニチュード）を判断することが重要である。私たちが普段行う活動の大半には実行機能制御システムが関わっている。車の運転から電話で話をしながら同時にコーヒーを入れることまで。私たちは常にこのシステムを働かせている。だから、重要なことは、バイリンガリズムには、より効率的な実行機能につながる追加的な働きがあると、どのようにまたどの程度まで結論できるのかを判断しなければならない。

干渉を避ける

複数のアンケート調査結果によれば、八割の人が自分は平均以上の車の運転の腕前だと思っている。しかし、それはありえない。すごく大きな標本誤差がある（この場合は当てはまらない）、あるいは運転の上手な人ばかりに尋ねたのでない限り、この数値は私たちがどれくらい自信があるかを示しているに過ぎない（ちなみに、セックスのスキルを聞いた場合も同じ結果が出る）。車の運転は注意システムには難題だ。行き先を覚えていなければならない、まごつく原因になる余計な情報は無

図 4.1 矛盾する情報が絶えず見つかる実際の例。この矛盾は監視注意システムによって解消されなければならない。

視しなければならない、路上に危険があればすぐに反応しなければならない、などなど。もしお疑いなら、図４・１を見て、この場合どうするのかを考えてみてほしい。自動運転が進むと、先ほど言ったようなことには注意を向けていないような印象を持ってしまうが、無意識に全部やっているのだ。バイリンガル話者が会話をする時にも同じことが生じるのである。第二章と第三章で見たように、使いたい言語で流暢に話せるように一連の制御メカニズムが働き、使わない言語が干渉しないようにしている。この言語の制御が車の運転ではなく、言語に関係する注意プロセスに及ぼす影響を調べた研究をいくつか見てみよう。

ここまでの章から、認知心理学者が何かに長けているとしたら、それは複雑な疑問を検証する独創的な実験状況を作り出すことだとお気づきだろう。次の実験方法を見てみよう。いわゆる「サイモン効果」を生じさせる実験法で、この効果は、一九六〇年代にこれを発見した科学者にちなんで名付けられた。実験は単純で、赤か緑の丸が、一つずつコンピュータ画面に表示される。実験参加者は、緑の丸が表示されたら右手でキー（たとえば「m」のキー）を、赤の丸が表示されたら左手でキー（たとえば「z」のキー）を押すように教示される。それだけだ。ちょっと退屈で単純。これのどこが独創的なのだろうか。ミソはこれだ。丸は画面の左側、中央、右側に現れるのである。原理上は、丸がどこに現れるかは参加者の課題とは無関係である。課題としては、丸の色によってどちらの手でキーを押すかを決めればいいだけだ。しかし、右手でキーを押さなければならない（緑の丸）ときに、画面の左側に丸が出ると、同じ刺激が右側に出たときに比べて反応時間が長くなるのだ（そして、赤い丸が右側に出たときも同じことが生じる）。あたかも参加者は丸がどちら側に現れるかを無視できないかのようで、丸が現れる側がキーを押す手と一致しないと、解消すべき葛藤が生じ、この葛藤の解消には時間を要するのである。これがサイモン効果だ。刺激が反応する手と一致する場合と不一致の場合の反応時間の差のことである。今までに誰かに右折するように言われたが、うっかり左手で示されたことがあるだろうか。これが、実生活におけるサイモン効果だ。

ヨーク大学のエレン・ビアリストクが行った研究で、モノリンガル話者に比べて、バイリンガル話者は、サイモン効果が小さいことが明らかにされた。つまり、不一致条件で生じる対立効果は、バイリンガル話者の方が小さいということである。この差は三十歳の参加者で見られたが、六十歳以上ではさらに大きかった。六十歳以上で効果が増大したことから、年齢が関係しているのは確かで、この傾向はモノリンガル話者の方がより大きかった。この結果から、バイリンガルの言語経験が、参加者が注意を向ける能力、あるいは関連のある情報とない情報の間の葛藤を解消する能力に作用することが伺える。重要なポイントは、これが空間的課題で見出されたことだ。この課題は言語処理システムにほとんど関係しないのである。ということは、バイリンガリズムは一般的な実行システム（車の運転に使う機能）に影響することを示している。ところで、これも、うちで友だちとできる実験の一つだ。指を二本見せたら右手を上げ、一本だったら左手を上げるように友だちに言う。そうしたら開始。左手で指を一本見せたら、次に同じ手で二本、それから右手で二本などなど、一致刺激と不一致刺激を混ぜる（指を見せる時には腕を広げるように）。すぐに友だちが不一致刺激で混乱するのが分かるはずだ。特に、ワインを数杯飲んだ後なら。

バイリンガル話者の葛藤の解消の向上に関して、その他の多くの研究で似たような結果が示されている。しかし、後で見るように、そのような結果の再現性に対する疑念も少なくない。もう一つ別の例も見ておこう。これについては後のセクションで再度取り上げるが、私たちが *Cognition* 誌に発表した研究で、二〇〇八年に前任のバルセロナ大学の研究所で行ったものだ。話者が注意容量の「ピーク・ポイント」にあるときにバイリンガルの言語経験が葛藤の解消に効果があるのかを見ようと試みたものである。ピーク・ポイントとは何を意味するのか。成長に時間のかかる脳領域の

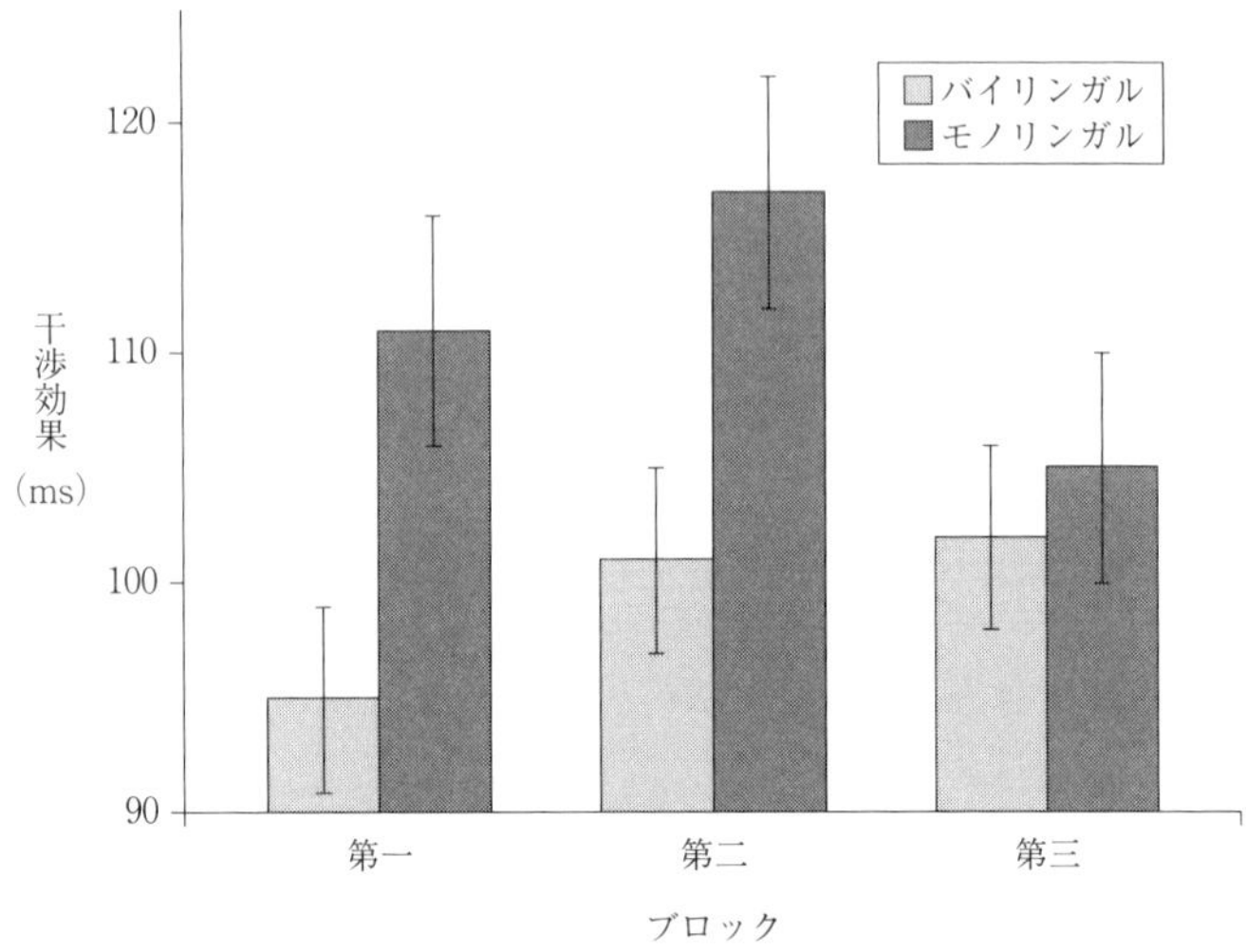

図 4.2　バイリンガルとモノリンガル話者のフランカータスクにおける干渉効果の大きさを示すグラフ。値が大きいほど経験する認知的葛藤が大きいことを示している。

一つが前頭前皮質で、この領域は注意の制御に直接深く関わっている。この領域は思春期まで成長を続け、二十歳代にその機能が最高潮に達し……それから、悪い知らせだが、三十歳代にゆっくり下降し始める。もしかすると、スポーツ選手にとってベストな年齢が、普通二十五歳から三十歳なのは、このせいかも知れない。最速の壁を突破することができるのは、この年代である。私たちの研究では、バイリンガリズムが、二十歳から三十歳の注意容量にポジティブな効果があるかを見ようとした。そのために、実験参加者として、いくつかのスペインの大学からカタロニア語－スペイン語のバイリンガル話者を百人とスペイン語のモノリンガル話者を百人募った。そして、「フランカー課題」をやってもらった。この実験では、参加者に、↓↓↓↓↓のような刺激が呈示され、両側にある矢印（「妨害フランカー」と呼ばれる）は無視して、真ん中の矢印（「ターゲット刺激」と呼ばれる）がどちらの方向を向いているかを言うように指示される[12]。実験のポイントは、先ほど示したような一致刺激（妨害フランカーがターゲット刺激と同じ方向を向いている）と、不一致刺激（妨害サイドが反対の方向を向いている。↑↑↓↑↑）があることである。

前に示した、サイモン効果と同じく、回答は、一致刺激の方が不一致刺激よりも早く、正確だ[13]。図4・2に示されるように、すべての実験ブロックで、バイリンガル話者はモノリンガル話者より妨害の度合いが低かった。ただし、この効果は、最初の二ブロックの方が大きかった。これが、二十代から三十代の成人において、葛藤の解消に対してバイリンガリズムのポジティブな効果があることを明らかにした結果の中で最初に論文発表されたものである。

バイリンガリズムが注意制御に及ぼすポジティブな効果の有無や、効果の大きさに影響を及ぼしている要因として、第二言語習得開始年齢、習熟度、日常的な両言語の使用度、二言語で会話する頻度までを対象にした研究が進められてきた。現在手元にある情報をもとにすれば、最も重要な要因は、普段どれくらい二言語を使っているかである。すなわち、葛藤の解消に対するバイリンガリ

（12）［訳注］実際の実験では横向きの矢印が五つ表示される。参加者は真ん中の矢印が右向きか左向きかを回答する。

（13）この実験を、http://cognitivefun.net/test/6 で試すことができる。

ズムのポジティブな効果に関係するのは、第二言語を話す能力がどの程度かというより、どの程度頻繁に第二言語を使っているかということだ。日常的に第二言語を使うということは、バイリンガル話者において言語制御プロセスが活性化されるということを間接的に示している。そしてそれに応じて、中央制御プロセスが働く。だから、この効果を享受したかったら、第二言語をどれだけよく知っているかはあまり心配しないで、しっかりよく練習することだ。

これらはほんの二つの例だが、これまで数多くの研究が、言語を使わないかその程度が非常に低い課題での葛藤または妨害の解消に関して、バイリンガル話者とモノリンガル話者の能力を比較している。しかし、どれも分かりやすい研究というわけではなく、後で見るように、近年、それらの実験の再現性やバイリンガリズムと結びついた利点に疑問を抱く研究者も少なからずいる。

マルチタスキング、または、こちらからあちらへジャンプすると

現代は、マルチタスクの時代だ。友だちと話をしながら文章を書き、コーヒーを淹れながら今月支払いの請求書に目を通し、夕食を食べながらおしゃべりをする。このような活動の多くは並行して、つまり同時に行っている。そのためには、私たちは注意を一つのことからもう一つのことへ移す必要がある。これは「課題切り替え」と呼ばれ、この作業には困難が伴い、負荷がかかる。そのため、私たちは間違いをおかすことがある。このスキルは、二十歳代に頂点に達するが、訓練することができる。おそらく、ビデオゲームで今でも時々私が息子を負かしているのはこれが理由なの

だろう。しかし、息子は十六歳になったから、私は急がねば。残された時間はわずかなのだ。

この注意容量は、バイリンガル話者では、しばしば言語を切り替える能力と関係があるとされてきた。繰り返しになるが、バイリンガル話者は、対話の相手によって言語を変えたり、制御しなければならないが、注意容量はそのことと関係がある。このような言語の使い方によって、課題切り替え全般に関わる回路に類似した回路が活性化される。そのため、モノリンガル話者に比べてバイリンガル話者の方がある意味有利になる。たとえば、第二章に出た家族を思い出してほしい。この家族の人々はいつも言語を入れ替えている。とはいえ、ランダムにしているわけではない。なので、バイリンガル話者はマルチタスクが得意と言ってよいだろう。

この仮説は、いくつかの研究で検証されている。それらの研究では、第二章で説明したような課題を行っている。思い出してもらえると思うが、実験参加者は描かれた絵の名前を言うのだが、絵を取り囲む枠の色によって、二言語のうちどちらで言うかが変わる。赤い枠なら言語Aで、青い枠なら言語Bという具合だ。切り替え試行と切り替えなし試行での反応時間と反応の正確さの差が、「言語切り替えコスト（負荷）」と呼ばれるものだ。そこで、これと同じか似たような実験計画を使って、言語が使われない状況で課題を切り替える能力を計測することができる。

この問題に取り組んだ初期の研究の中に子どもを対象にこの課題を採用したものがある。参加した子どもたちには青か赤の色がついた丸いカードと四角いカードがしめされ、カードの色によってカードを分類する（青いカードは右側に、赤いカードは左側に）ように言われた。この課題が終わるとカードは混ぜられて、今度は色には関係なくカードの形によって分類する（丸いカードは右側に、四角いカードは左側に）ように言われた。つまり、子どもたちは課題を切り替えるように指示されたわけだ。あるいは、言ってみれば、分類の基準の切り替えだ（最初は色、次は形）。割と簡単な実験だなと思うかも知れないが、参加したのは五歳から六歳の子どもだったのを忘れないでほしい。二言語話者――この場合は広東語（中国語）と英語――の方が、英語を話すモノリンガル話者よりもよい課題成績を示した。この場合、よりよい課題成績とは次のとおりである。最初の課題では、言語グループ間で差はなく、子どもたちは完璧に課題を理解していたが、二つ目の課題では差があった。分類基準つまり課題を切り替える必要があると、モノリンガルの子どもはバイリンガルの子どもより間違えることが多かったのである。

その後、ハイファ大学のアナト・プライアーとカリフォルニア大学サンディエゴ校のタマル・ゴランが行った研究によって、今説明したバイリンガルの子どもの優位性は、若年成人でも見られることが示された。このことから、この認知領域におけるバイリンガリズムの効果は、様々な発達段階を通して存在すると示唆される。加えて、この一連の研究では、バイリンガルの優位性は、言語を入れ替えるコード・スイッチングをどれくらい頻繁に行うかと関係していた。

この領域の研究では、もっと驚くべき結果がある。アグネス・コヴァックスとジャック・メレールが、モノリンガルの赤ちゃんと生後七ヶ月のバイリンガル児の課題切り替え能力を調べたときに観察した結果だ……そう、赤ちゃんがどのように課題切り替えをするのかを調べることができるのだ！　そのためにコヴァックスとメレールは、コンピュータ画面に二つの空のボックス（四角形の枠）と、その中間においた注視用の絵を赤ちゃんに見せた。この注視用絵はごく短時間で三角形と入れ替わる。三角形は一秒間表示され、その間は他には何も起こらない。それから、赤ちゃんの気を引くように、必ず左側のボックスの中にまた別の絵（アトラクター）が呈示された。これが九回繰り返された（注視用絵－三角形－空白の一秒間－毎回左のボックスにアトラクター）。ここで楽しみは、三角形が現れてから注意を引く絵が現れるまでの一秒間に、赤ちゃんがどこを見るかを観察することだ。もし赤ちゃんが、アトラクターが現れる前に必ず三角形が現れると気づくことができれば、おそらく赤ちゃんは絵が現れる場所を予期する傾向を示すはずだ。確かに、何回か試行を続けると赤ちゃんは刺激の場所を予期することができるようになったことが分かった。なぜかと言えば、空白の一秒間に赤ちゃんは、アトラクターが現れる左側のボックスに視線を向けたからである。言い換えれば、アトラクターが現れる前に、赤ちゃんは左側に視線を向ける回数の方が多かったのである。それはあたかもこう言っているようだ。「こっちを見てるの。だって、もうすぐそこに大好きなあの絵が出てくるんだもの」。そして、ここで実験のキモだ。この九回の試行の後、三角形の代わりに円が現れ、その後別のアトラクター（絵）が現れる。ただし、反対のボックス、つまり右側のボックスにである。この試行も九回呈示されるが、「ポスト・スイッチ（切り替え後）」試行と呼ばれる。というのは、刺激の現れる場所が左右で切り替わったからだ。ここで行われた計測は前と同じで、つまり手がかり（この場合は円）が消えてからアトラクター刺激が表示されるまでの時間

（空のボックスだけが画面に表示されている時間）に子どもがどこを見たかである。

赤ちゃんは注意の方向を修正することができて、アトラクターの新しい位置を予期するのだろうか。最初の試行では、大半の赤ちゃんはできなかった。実のところ、公平を期していうと、赤ちゃんはまだどんな変化が起こるのかが分かっていないようだった。けれども、少しずつ注意を修正して刺激が現れる位置を予期し始めた。まるで赤ちゃんはこう考えているかのようだった。「オーケー、分かった。かっこいい絵は右側に出るんだ」。ジャジャーン、赤ちゃんたちは課題、少なくとも基準を変更することはできたのである。言うまでもなく、七ヶ月時点で、視線の焦点を修正できた赤ちゃんは、バイリンガルの言語環境で育っていた子たち（この場合は、スロバニア語－イタリア語のバイリンガル）であった。イタリア語のモノリンガルの赤ちゃんは、左側のボックスを注視し続けていた。あたかも最初の基準に固まってしまって、それを変えるだけの柔軟性はまだないかのようだった。

この研究は、バイリンガリズムが非常に若年の赤ちゃんの認知的柔軟性に影響を及ぼすことを示しているという意味で重要である。バイリンガリズムは、次のような点で十分に柔軟性のある注意システムが成長する助けとなっている。（1）最初の試行で学習した答えを抑制し、（2）新たな課題要求によって予測を更新する柔軟性である。この結果が重要なのは実験に参加した赤ちゃんはまだおしゃべりをしないからである。そのため、バイリンガリズムの注意システムへのポジティブな効果は、言語発話の際に働く言語制御メカニズムによるとは断定できない。まだ何かが必要なのだ。

おそらく、赤ちゃんが、自分の親の口から出る言語音を聞き分けようとすることがメンタル・トレーニングになって、このような認知的柔軟性が発達するのではないか。

ああ、残念、全然簡単じゃない！

この章の冒頭で、ニューヨークでこの原稿を書いていると述べた。ニューヨーク市立大学で開かれた学会で講演があったのだ。学会のタイトルは、「バイリンガリズムと中央制御機能——学際的アプローチ」であった。専門的な立場から見れば、学会は緊張した雰囲気で、個人攻撃の感さえもあったと思うが、それは本題とは直接関係のないことだ。問題の核心は、近年、中央制御システムの発達に対するバイリンガリズムのポジティブな効果を示した研究について、その信頼性を問題視する研究者が少なからず出てきていることだ。その疑いなるものは種々さまざまであり、また疑いの程度もいろいろである。その主張のいくつかを見てみようと思う。というのは、このやり方は、このテーマだけではなく、科学一般、そして特に社会科学に当てはまる絶好の科学的訓練だからだ。このセクションの大半の部分は、実際に科学という営みがどのように行われるかを扱う。もしあまり興味がなかったら、次のセクションに進んで構わない。

科学の専門誌が興味を示すのは、バイリンガル話者とモノリンガル話者の違いを明らかにした研究だけではないのかと疑問視する人々がいる。このような偏り（バイアス）が生じるのは、専門誌には編集方針があり、どの研究も等しく掲載されるわけではないからだ。そのため、他の研究者たちゃ社会一般に知られないままになる研究もある。そのような研究は、せいぜい学会で発表されるところまでで、専門誌の論文として発表はされない。もちろん、どの研究も研究方法が同じくらい厳密とは限らないので、必ずしもそれがいけないというわけではない。例を挙げれば、注意課題の達成度をバイリンガル話者とモノリンガル話者で比較した研究で参加者の年齢が統制されていなかったら、論文発表できるチャンスはほとんどないが、これは正当な理由によるのである。したがって、科学論文の編集者や査読者が、より確実な証拠を呈示した研究の方をそうでないものよりも高く評価するのは理にかなっているし、望ましいことで、論文として発表されるのは前者である。これが査読者や編集者の仕事だ。面倒だし、時間もかかり、金にはならず、敵を作ることもある。これは私の経験から言える。というのは、論文の著者、査読者、編集者の役回りをして来たし、今もしているのだから。このピアレビューという方法は完璧ではないが、どの研究が公表にふさわしいかを判断するのに科学者がこれまでに作り出した中でベストな方法である。

実際、ピアレビューの問題の一つは、採択にあたってバイアスが働くことだ。このバイアスは、研究の実験上の質ではなく、むしろ得られた結果による。ピアレビューは、実験の質とは関係なく、実験条件間の有意差を示す研究の方を高く評価する傾向がある。つまり、論文は、研究の科学的厳密さだけでなく、観察された結果によって判定されるということだ。たとえば、研究室のチームが新薬を開発して、その有効性を検証しようとしたとしよう。そして、正しい方法で実験を行ったとする。結果は、肯定的か否定的かのどちらかになる。つまり、新薬は効果があるか、ないかのどちらかだ。さて、この研究が権威ある専門誌に論文掲載される確率は結果による。結果が肯定的な方がその確率は高い。もし実験で、薬を与えられた群と薬を与えられなかった統制群の間に差がないとなったら、こう言うのではないか。「ああ、実験はうまく行かなかった、残念。何か統制できてなかったか、計測のどこかでミスをしたか、あと何か……」。それから、何も得られなかったんだと考えてしまう。反対に、結果が肯定的で、実験がうまく行けば結果が論文になる可能性が高くなるばかりでなく、新聞の一面でも取り上げられるかもしれない。しかし、本当に、否定的な結果からは何も分かることがないのだろうか。私が思うに、何か分かったことはあるはずで、十分注意しないといけないが、否定的結果の研究が論文になる確率が低いのはなぜか、私には不可解なのだ。そういう否定的結果を公表すれば、少なくとも他の研究者は時間と研究費を無駄にするのを避けられるし、将来、同じ仮説を検証する研究をしなくてすむだろう。もしその新薬はすでに検証されていて、有効性が認められないことを知っていれば、研究室のチームは資源を他のものに投入できるのではないか。もちろん、これは理想的な世界でないと起こらないだろう。現実の世界では、否定的証拠がそれほど意味を見出されず、ホメオパシーなどの意味のない研究を続ける人たちがいるようだが、これはまた別の話だ。

残念なことだが、論文採択バイアスがあるのかどうか、もしあった場合にどの程度のものなのかを直接知る手立てはないが、統計を使って間接的に見抜く方法ならある。この手の手法についてここでは触れないが、この問題と科学界全般がどうなっているのかに興味がある読者には、医師で科学作家のベン・ゴールドエイカーのベストセラー『デタラメ健康科学』をお薦めする。この書名がすべてを語っている。問題の原因が、いつも専門誌の編集者や論文査読者の先入観によるものとは限らず、論文の著者自身が原因である場合もある。自分の実験結果を「失敗した実験の引き出し」に仕舞い込んで、公表しないためだ。

私に言わせれば、バイリンガリズムによる注意システムの促進効果については、論文採択バイアスがあることは疑いの余地がなく、他の分野でも同じことがあると言われたところで慰めにはならない。しかし、ことわざにもあるように「逆境のときの仲間は悲しみを和らげてくれる」。そうは言うものの、混乱を避けるために言っておくと、論文採択バイアスがあるからといって、バイリンガリズムによる注意システムの促進効果の存在が否定されてしまうとは限らない。そのようなバイアスを減らす方法はあるので希望はある。必要なことは、実験方法のノウハウをデータベースに蓄積しておくことである。それには、実験計画と研究対象の情報も含まれる。続く公表の条件の一つは、実験を行う前に記録しておくことだ。そうすれば私たち研究者は注意する。このやり方は、残念ながらすべてではないが、すでに多くの臨床研究では行われている。研究を登録すれば、そのうちのいくつが最終的に論文として発表され、いくつがされなかったかが分かる。そうして、投稿され採択された件数と「失敗した実験の引き出し」行きになった件数が大体分かるようになる。それに、いつでも研究者に連絡をとって、どんな結果であれ、知見を共有してほしいと頼むことができる。ここまでの内容を深刻にとらえ過ぎないでほしいと願っている。私がこのようなことを書いたのは、科学が一般的にどのように行われているのか、いくらかでも知ってもらうのは本書の目的にかなっていると思うからである。

バイリンガリズムの話に戻ろう。研究者の中には、批判でもって追い詰める人々がいる。そういう人は、バイリンガリズムの注意システムへのポジティブな効果を示す結果の信頼性や再現性を問題にする。そして、すでに発表された研究結果の再現実験を行っている。その例が二つある。

最初は、バスク認知・脳・言語センター（ＢＣＢＬ）にいる私の同僚たちが行った実験で、バスク語-スペイン語バイリンガルかスペイン語モノリンガルの、八歳から十一歳の五百人の子どもの課題成績を調べたものだ。研究者たちは、課題成績に影響がありそうな変数について、両グループで気をつけてバランスをとった。課題は、ストループテストのようなもので、無関係な情報によって生じる葛藤を解消をしなければならない。葛藤はサイモン課題や、前に説明したフランカー課題で生じるのと類似のものだ。研究者たちによれば、どの課題でもバイリンガルの子どもとモノリンガルの子どもとの成績の差は見られなかった。この結果をもとに研究者たちは論文を執筆したが、タイトルがすべてを語っている。「バイリンガル児の抑制効果再考――虚構か真実か？」

第二の研究は、ポンペウ・ファブラ大学の私の研究室のミレイア・ヘルナンデスの研究だ。この研究で私たちは、前のセクションで議論した課題切り替え最中のバイリンガリズムの効果を生むメカニズムをさらに解明したいと思っていた。そのために、複数の実験手順を用いたが、どれも課題切り替えを要するものであった。私たちは、モノリンガル話者の方がより高い課題切り替えコストを要することを見出した、他の論文著者たちが用いたのと同じ実験計画をそのまま再現した。私たちはバイリンガル話者の中にある程度の効果を見出すことができたが、バイリンガリズムに結びついた、課題切り替えコストの低減を再現することはできなかった。かと言って、努力しなかったわけではない。と言うのは、およそ百四十五人のスペイン語－カタロニア語バイリンガル話者とスペイン語モノリンガル話者百四十五人を対象に、課題成績を比較したところ、課題切り替えコストの規模の分布は実質的にどちらのグループとも同じ程度だったのである。

また、バイリンガルであってもなくても、注意システムをいつも続けて使うことについて、いろいろ理論的な疑問がある。二言語を話す・話さないに関わらず、私たちは中央制御システムを使い続けている。したがって、バイリンガリズムは、システムの働きや発達に関してほとんど付け加えるものがない。ちょうどシステムの使用に関して天井に届いてしまったようなもので、どんなに鍛えようとしても、実行レベルはそれほどよくはならない。トルティージャ（スペイン風オムレツ）作りの用語で言えば、もうこれ以上おいしくトルティージャは作れない、こんなにうまく作ったからもうどんなにがんばってもこれ以上おいしくはならない（という感じ）。研究者たちによれば、この天井効果は、バイリンガリズムの注意システムへの効果がなぜ比較的安定して検出できないのかの説明になる。

私が見るところでは、ほとんどの批判はそれなりに妥当だ。問題は、さてどうするかである。どの研究を採用すればいいのか。バイリンガリズムの効果が出た研究なのか、出ていない研究なのか。

場合によっては、同じ研究室からでも、課題によってポジティブな効果が現れたり、現れなかったりすることがある。これは、個人的な好みや社会的利害によって影響されない実証的な問題である。なので、問題の本質は、どの研究を採用するかというよりどうすれば信頼性のある研究プログラムを開発し、バイリンガリズムの実行制御システムへの影響を確かめることができるのかなのである。そして、事実、研究者たちはどんな変数や実験的状況であれば、バイリンガル効果を検出できるのかをつかもうとしている。私の観点から言えば、バイリンガリズムによって付随的にもたらされる利点に焦点を当てるのをやめて、行動レベルでの利点を気にするのではなく、バイリンガルであることによって認知プロセスがどのように変化するのか、そしてそれに伴って脳内神経回路がどのように変化するのかを解明したら、役に立つのではないか。

脳を形作る

前のセクションで、バイリンガリズムが、注意能力の発達に行動に現れるかたちでポジティブな効果をもたらすのかを検討した。分かったことは、状況は複雑で、もっと研究を積み重ねないと、二言語を使うのには確かに有利な点があると信頼性高く確認することはできないということだ。しかし、だからと言って、言語行動上の利点があってもなくても、バイリンガルの言語経験が脳構造に何の影響も及ぼさないというわけではない。つまり、二言語を使うという日常的な活動が、大脳皮質の神経回路の構造や機能にどのような影響を与えるのかということだ。ロンドンのタクシー運転手が長年の経験によって脳の海馬の一部が増大したという話を覚えているだろうか。その背景にある考えはバイリンガリズムにも当てはまる。

この目的を念頭に、私たちは、ミラノのサン・ラファエル病院のジュビン・アブタレビを中心に進められた調査に参加した。この病院は、二十年近く前に私たちが、バイリンガル話者の第二言語習得開始年齢は脳内の言語表象に影響があるかを調べる研究を行った病院である。このときは、言語制御プロセス課題と言語に関わらない注意制御課題の間に脳機能上の重複があるのかを評価するのが目的であった。仮説は、脳領域の重複があれば、脳のどの領域がそれぞれの機能に関わっているかのヒントが得られるだろうと言う考えだった。そのため、ドイツ語‐イタリア語のバイリンガル話者とイタリア語モノリンガル話者に二つの課題をやってもらった。バイリンガル話者は南チロル地方出身者で、その地域は歴史的理由からドイツ語とイタリア語が公用語になっている。もしまだこの地方を訪れたことがなければ、一度訪れることをお薦めする。とても魅惑的なところで、その言語の歴史は政治的視点から大変興味深い。さて、実験の話に戻ろう。

課題の一つは言語制御能力に関するもので、（もう分かったと思うが）言語切り替え課題である。もし赤い枠の中に絵が現れたら、言語Aでその名前を言う。もし青い枠の中に現れたら言語Bで言う。しかし、モノリンガル話者の言語制御を計測できるだろうか。モノリンガル話者は、当然、言語切り替えはできない。そこで、文法的カテゴリーを切り替える課題をやってもらった。もし赤い枠の中に絵が現れたら、そのモノの名前（箒）を言う。もし青い枠の中に現れたら、そのモノで行う行為（掃く）を言う。

もう一つの課題は、言語が関わらない課題で、前に説明したフランカー課題である（一致刺激↓↓↓↓↓　不一致刺激↑↑↓↑↑）。したがって、最初の実験では言語切り替えまたは文法カテゴリー切り替えで生じる脳活動を、もう一つの実験では、非言語的葛藤を計測して分析した。言い換えれば、次のような課題間の脳活動の差を比較したわけだ。（1）切り替え試行と切り替えなし試行。（2）一致刺激と不一致刺激。それから、これらの条件間で脳活動の重複があるか、つまり脳のどの領域が言語切り替えに関係し、どの領域が一致効果に関係しているのかを分析したのである。

この実験で見つかった重複領域は、実際、予想していた部位で、帯状回前部であった。この領域は、先行研究において認知的制御と葛藤の解消と関係があるとされていた部位だ。私たちは正しい方向に向かっていたのである。この領域は、どちらの課題でも認知的制御が増大すると反応がより大きくなった。しかし、非言語的葛藤（矢印の刺激の課題）で観察されたこの領域の脳活動は、モノリンガル話者よりもバイリンガル話者の方が低かった。バイリンガル話者は、モノリンガル話者よりも葛藤を経験する程度が低いが、課題を解くのに必要な脳エネルギーは低い（プレート3（口絵）参照）。

私たちは、この機能的アーキテクチャー（機能構造）を発見するだけで終わりにはせず、さらに一歩進んで、この領域（帯状回前部）の解剖学的構造を分析した。灰白質の密度がモノリンガル話者よりバイリンガル話者の脳で大きいことが分かった。この結果は、二言語を継続して使用していると、機能領域を特定しない一般的な中央制御、つまり、言語とか非言語といった特定の認知機能領域にだけ結びつかない注意システムに関わる脳構造に影響が及ぶことを示している。

その他の研究の明らかにしたところによると、言語をほとんどあるいはまったく要しない課題切り替え法では、バイリンガル話者はモノリンガル話者よりも広範な脳神経ネットワークを活性化しているようである。活性化される脳神経ネットワークには、左半球の左下前頭回のような、言語制御に関連した領域が含まれる。

加えて、注意機能ネットワークへのバイリンガリズムの効果は、灰白質の機能と構造に限定されるわけではない。白質の頑健さにも影響を及ぼしている（プレート4（口絵）参照）。第三章で見たように、白質は脳の他の領域同様にニューロンどうしを結合している物質である。覚えているだろうか、ニューロンとは情報を伝達するケーブルだ。年齢とともにこのケーブルは老朽化し、白質（特に、ミエリン）の能力も落ちる。言ってみれば、スマホにつなげてあるイヤホンのコードの接触が劣化して、ガリガリいう雑音がするようなものだ。情報はそれまでのように効率的に伝達されなくなり、それが認知機能の低下につながる。そして、実際、注意システムの働きが、白質の機能低下によって最も影響を受けるものなのである。

このテーマで大変興味深い研究では、ハーバード大学のギギ・ルックたちが白質の機能性を、平均七十歳のバイリンガル話者とモノリンガル話者で比較したものがある。この分析は、脳構造にフォーカスしているので、脳の解析（スキャニング）を行っている間、実験参加者は特に課題を行う必要がない。静止状態でよい。結果は大変興味深いものだ。白質は、バイリンガル話者の脳梁でモノリンガル話者よりも良質な状態を保っていた。脳梁とは左右半球をつなげる神経繊維である。そうは言っても、二十歳の人と同じくらいというわけではない。しかし、同年代のモノリンガル話者よりは良質だったのである。加えて、ルックたちはさらに詳細な分析を通して、左右両半球がどの程度機能的に結合しているか（両半球がどの程度「通信している」か）を計測した。結果は先行研究と一致するもので、モノリンガル話者よりもバイリンガル話者の方が、複数の神経回路で結合がより広範に分布していることが認められた。

これまでのところを総合すると何が言えるだろうか。ルックらの主張はこうだ。バイリンガル言語経験は白質の接続度を強化する。そして、これが、注意課題でバイリンガル話者の方が達成度が高い理由になっているという。これは興味深い仮説だが、残念なことに、この研究では参加者から注意課題の成績のデータを収集しなかったので、白質が高品質であることが高い課題達成をもたらしていたかは不明である。

このような実験結果は特に、いかに脳の柔軟性が高いか、また生涯を通して学び続けたり二言語を使うと、脳の組織や発達に目にみえる効果をもたらすことを示している。面白いことに、このような効果は従来言語処理に関連があるとされてきた脳部位に限らず、注意制御に関連する領域にまで拡大して当てはまるようなのである。

バイリンガリズムと関係のあるこのような変化が認知機能に与える結果という観点からまだまだ発見すべきことがあるが、このような知見から興味深い仮説を導くことができる。バイリンガル言語経験は、高齢化による認知的機能低下に対して何か作用があるのだろうか。そして、もしそうであれば、このような機能低下が神経変性疾患を伴った場合に何が生じるのか。次のセクションでは、この二つの疑問を扱う。

さあ、爆弾発表だ——認知機能劣化とバイリンガリズム

スペインの俳優、ペペ・ルビアネスを劇場やテレビで観て、私は大いに楽しんだものだ。今でもそうだ。ペペの発言は物議をかもすものだが、彼の話は人を惹きつけるし、その理屈は彼独特のものので、どんなに大袈裟でも、この話は本当か作り話かといつも考えてしまう。今でも覚えているのが両親といっしょに観た彼の最初の芝居で、今は息子といっしょに観ている。なので、息子はみんなが再来を待っている不朽のコメディアンの道を進んでいるというわけだ。ルビアネスのネタの一つで、年金のために一生涯苦労を惜しまない人々をからかうという話がある。皮肉を込めてこう言うのだ。みんな八十歳になると羽目を外すようになって、一晩中クラブに入り浸ったり、最上のレストランで食事をしたり、旅行したりするんだ、と。

十分に蓄えができるかやそもそも八十歳まで生きられるかはともかく、私たちの多くは、自分の経済状態や退職金のことを心配している。同じように、歳をとっていく中で自分の認知能力も蓄え

ることができるのだろうか。別の言い方をすれば、健康な老化に伴う脳機能の劣化への影響から、たとえわずかでも私たちを守ってくれる、生涯を通じた何かがあるのだろうか。おそらくルビアネスなら、あざ笑ってこう言うだろう。「いやいや、そんなことして何がいいんだ？　今を楽しめ！」

認知能力を蓄えておく助けになる方法は何かあるのだろうか。ほとんどの臓器と同様、脳は年齢とともに変化し、年齢を重ねるにつれて、だんだんと明らかな影響が私たちの能力にも現れてくる。脳の可塑性が衰える（これが、歳を取れば取るほど新しいことを学ぶのが大変になる理由かもしれない）。それればかりか、脳領域の中には、縮小、収縮する領域があるため、歳を経ると脳の体積は減少する。このような脳の縮小は灰白質と白質の両方に影響する。もちろん、どの領域も同じように影響を受けるわけではないが、一般的に、老化の影響は多くの領域で認められる。高齢化には認知機能の低下が伴い、注意や言語や記憶などの多くの基本的認知プロセスに負の影響を及ぼすのである。あまり励みになる予測ではないが、現実に目を向けよう。でも、歳をとらないよりはずっとマシではないか。他の選択肢はないのだから。

老化に伴う認知機能の低下は避けられないが、機能低下の進行と重症度に影響する要因がある。言い方を変えれば、認知機能について言うと、他の人より上手に歳をとる人々がいると言うことだ。ある種の運動と食習慣が効果的なようである。さらに、社会的また認知的要因も、「認知的予備力」と呼ばれるものに影響を及ぼすと考えられている。事実、推計によれば、死後の脳解剖の結果アルツハイマー病発症の痕跡のあった人のうち約三十%は、発見された脳損傷に典型的に見られる認知機能障害を示さない。なぜか。それは認知的予備力のためである。

認知的予備力は、分かりやすい概念だ。二人の高齢者を想像してみよう。この人たちには、生物学的に言って同じ脳の劣化（脳の同じ領域の白質と灰白質の体積が同じだけ減少している）があるとする。もし認知機能の低下がそのような劣化だけで決まるなら、この二人は同じ問題を抱えるはずである。さて、実はそうはならない、というか少なくともそうとは限らない。脳の萎縮が同程度であっても、一人には認知障害が現れ、もう一人には現れない、というより厳密に言えば、まだ現れないことはありうる。このような場合、一人目の人より二人目の人の方が認知的予備力があると言える。認知的予備力という概念は、論争の種になっているところがあるが、この十年ほどの疫学的研究のおかげで、現在は広く受け入れられた概念になっている。とはいえ、その働きについてはまだ完全に解明されてはいないが。今言えることは、教育レベルや刺激のある社会的、知的生活を送ることは、認知的予備力を維持するのに有益であるようだ。しかし、これはそれほど驚くことではないだろう。

この話題を続ける前に、一点はっきりさせておきたい。認知的予備力が高ければ、歳をとっても脳機能が低下しないということではない。また、アルツハイマー病やその他の神経変性病などの疾患の発病を防げるということでもない。認知的予備力が高いということは、単に、脳の機能低下が普通のものでも病理的なものでも、その認知的影響による行動面の害が軽くなる可能性があるとい

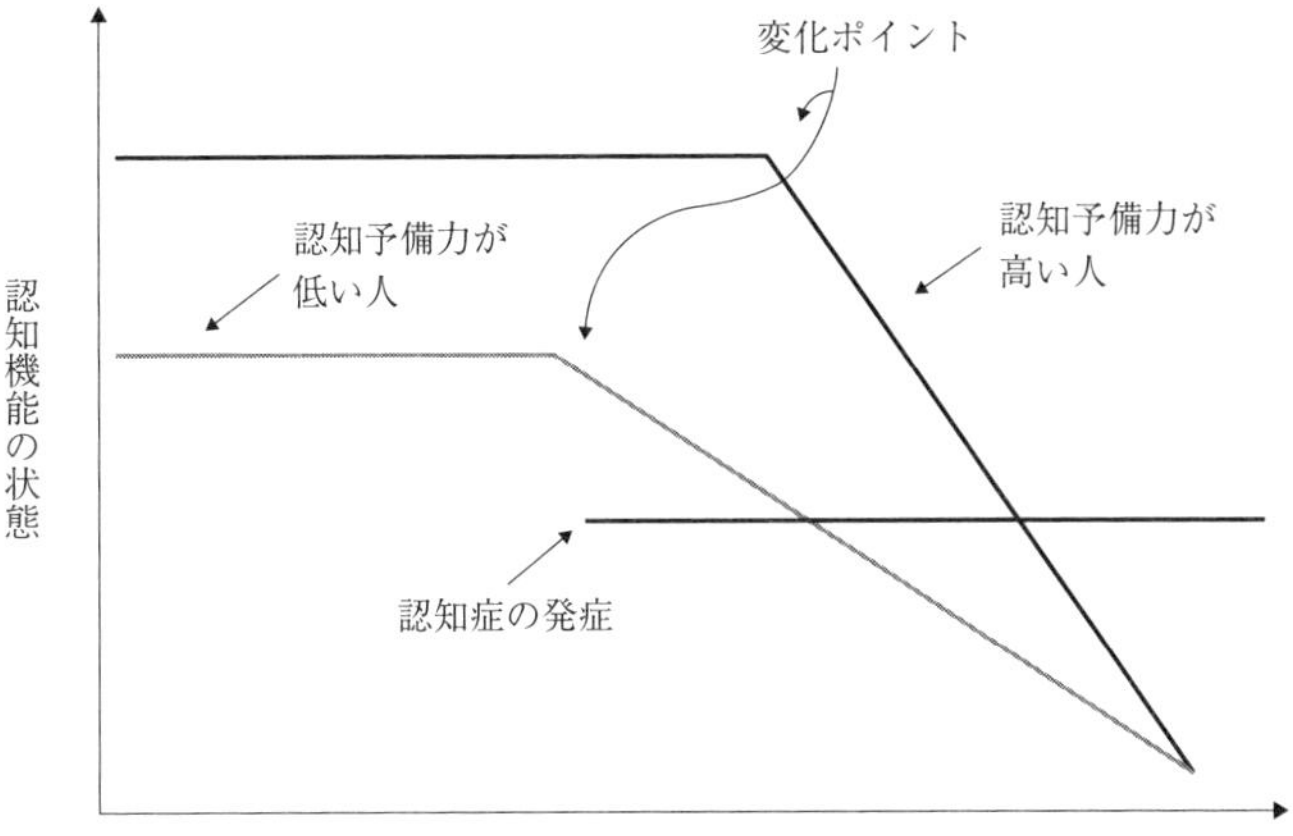

図 4.3 アルツハイマー病の神経病理に関連した認知機能の衰退を示すグラフ。太い線は認知予備力が高い人を示し、細い線は認知予備力が低い人を示している。神経病理が中程度の場合、認知予備力の低い人の認知能力は減少し、アルツハイマー病の兆候が早く現れる。

うことだ。もちろん、そのような影響は脳障害の程度によっても異なる。そして、実のところ、図4・3に示されるように、認知的予備力には難点もあるのだ。認知的予備力が高いほど、神経変性病の症状が現れるのは遅くなるが、やがてそのような症状が現れると、認知的機能低下の進行は早く、症状も目立つ。簡潔に言ってしまえば、認知機能が失われていると気づき始めると、機能喪失の進行が早まるということである。こうなる理由は、脳の神経病理が比較的軽い間は、認知的予備力によって症状が抑えられているが、変性が大きくなって、認知的予備力がもう役に立たなくなる時期が訪れるからである。

だが、ここでバイリンガリズムの話題に戻ろう。この章ではこれまでにバイリンガルの言語経験が注意システムの機能発達にプラスの影響があることを見た。また、七十歳以上の成人にこのような影響がどのくらいあるのかを分析した。事実、これくらいの年齢でバイリンガルであると注意機能に最も大きな影響があるようなのだ（サイモン効果の結果を思い出してほしい）。また、高齢期の白質の機能性は、モノリンガル話者よりもバイリンガル話者の方が高いことを示唆する研究を解説した。このような結果を総合すると、おそらくバイリンガリズムが認知的予備力にプラスの影響を与えることを示していると言えるのではないか。それに関してこれまでに分かったことを見てみよう。

認知的予備力へのバイリンガリズムの効果を最初に問題提起した研究は、トロントの病院で行われた。実験は簡単だ。研究者たちは百八十四人の患者の証言を調べた。全員臨床検査を受け、神経変性病（アルツハイマー病やその他の認知症）がある可能性が高いという基準を満たしていた。加えて、患者の半数はバイリンガル、もう半数はモノリンガルであった。この二グループの患者は、教育年限、認知能力（神経心理学標準検査で計測）、職業的地位をマッチングして統制された。研究者たちは、患者に重要な質問を二つした。一つは、何歳のときに最初に神経科を訪れたか。二つ目は、何歳のときに、認知機能低下の兆候が最初に現れたか。このデータは最初に神経科に行った際に集められ、医師は患者と親族に症状に気づいてからどれくらいになるかを尋ねた。結果は、驚くような、注目に値するものであった。バイリンガル患者が最初に神経科に行ったのは、モノリンガル患者よりも三年遅かったのである。これは、バイリンガル患者が医者に行きたがらなかったからではない。実際、モノリンガル患者は、バイリンガル患者よりも若年で症状に気づいたと報告している（モノリンガルは七十一歳、バイリンガルは七十五歳）。この年齢データから、バイリンガリズムが認知的予備力の発達に寄与し、それが今度は、脳の機能低下という負の効果を低減していることが示唆される。そして、この効果の影響は小さくない。その差は……四年だ！　この結果はすぐにメディアに取り上げられて、鳴り物入りで広められたことは想像に難くない。爆弾ニュースだ。これらの研究については、後で見ることにしよう。

認知的予備力という現象はまた、他の方法でも調べることができる。その一つは、神経病理の程度と認知的障害の程度を比較分析する方法だ。もし患者Aと患者Bが同じ認知能力を示し、患者Aの方が患者Bよりも認知的予備力が高いと前提した場合、患者Aの方が患者Bより神経病理の程度が高いと予測できる。そして、脳障害は患者Aの方が高くても、認知機能が劣るということになるわけではない。なぜなら患者Aの方が認知的予備力が高いからである。それはちょうど、有名なサッカー選手リオネル・メッシは、年齢を重ねて、脚も前ほど強くなくても、そこそこ上手くプレーし続けると予想するようなものだ。メッシはサッカー予備力を相当に貯めているので、あと何年もそれでやっていけるし、私はそう願っている。以下が、アルツハイマー病と診断された四十人の患者の脳萎縮を評価した研究にそった考え方だ。バイリンガルとモノリンガルが半々で、重要な点は、年齢や教育レベルなど他の変数は統制した上で、両グループは認知能力に差がなかったことである。認知能力は、神経学や神経心理学の評価でよく用いられる標準検査で測定されていた。この二グループの脳萎縮を計測してどんな発見があったのか。分かったことは、バイリンガル患者の方がモノリンガル患者よりも脳萎縮が大きいということだ。この萎縮は脳全域にわたって見られるわけではなく、アルツハイマー病がある人とない人を区別するのに一般的に計測する領域に限られていた。したがって、バイリンガル話者はモノリンガル話者より重度の神経病理を示していたが、認知的障害は両グループで似通っていた。それは、バイリンガル患者の認知的予備力が高いからであろうと思われる。

しかし、バイリンガリズムは本当にこの二グループの違いを説明する潜在的要因なのだろうか。この違いが、バイリンガル話者であることに関係する他の変数に起因するとは言えないだろうか。

これらの一連の研究はトロントで行われた。トロントは世界でも最も多くの言語が話される都市なので、この種の研究をするのにはうってつけの場所のようである。しかし、この絶好の機会には負担も伴っている。この地域のバイリンガル人口の大半は、移民の歴史を背負っている。事実、国連によれば、トロントは外国人比率の高さで世界第二位である。そのため、研究に参加する人々の多くは移民か移民の家族出身であることが多い。これは重要なポイントである。なぜなら、バイリンガル話者とモノリンガル話者の違いは人種的違いや生活様式（たとえば、食生活）によるのかも知れず、必ずしも言語背景によらないと考えられるかも知れないからだ。加えて、状況をさらに複雑にしてしまうが、移民の子どもの方が移民でない子どもよりも認知能力が高いという研究もある。

では、どうすればよいだろうか。どうしたら、認知的予備力を高める要因が何かを知ることができるだろうか。

可能性の一つは、二つのグループとも移民につながる背景を持たない人に参加してもらい、似たような研究をすればよい。この条件を満たす場所の一つが、インド南部の都市、ハイデラバードにある。インドでは何世紀にもわたって複数の言語が話されていて、およそ六十％の人々が少なくとも二言語を使うことができる。二〇一三年に、ハイデラバードにあるニザム医科大学の研究者が、認知症と診断された六百四十八人の患者（そのうち三百九十一人がバイリンガル）の臨床記録を調べた。結果は、トロントの研究の結果と驚くほど類似していた。バイリンガリズムは認知症の発祥の時期をおよそ四年遅らせていた。この研究では、教育の潜在的効果も分析することができた。というのは、この地域では多くの人々が文盲で学校に行ったことがなかったのである。実際のところ、文盲の人々に限定した集団では、バイリンガリズムの効果はさらに大きく、認知症の症状を約六年遅らせていた。

この結果はどれも有望に聞こえるが、これらの研究にも前の章で見たのと同じ問題があることに気づいたのではないかと思う。それは、バイリンガリズムが脳の構造に及ぼす影響を比較した場合の問題である。そう、鶏が先か、卵が先かという問題だ。より高い認知的予備力を導くのはバイリンガリズムではなく、その反対だったと分かったらどうなるだろうか。つまり、優れた認知能力を示す人々は、二つ（あるいはもっと多く）の言語を習得する素地が優れているだけではなく、高齢化したときにより高い認知的予備力を示すことがありうるのではないか。もしそうだったら、残された説明はだいぶ違ったものになる。ロッド・スチュワートが歌ったように「運が味方するヤツらもいる」のだ。

どうしたら正確に何が起きているかが分かるだろうか。理想的な状況は、第二言語を習得し始める前に一人一人の認知能力を知ることだろう。そうすれば、ベースライン（基準値）がわかり、そこからモノリンガル話者と後にバイリンガル話者になる人の認知能力の基準を設定することができるだろう。それが分かれば、モノリンガル話者とバイリンガル話者の大脳障害を比較し、その変動は、グループ間の既存の差異ではなく、言語習得の結果だと言うことができるだろう。もしこの研究を一番始まりの状態から行うとしたら、答えを得るまでに七十年くらいかかるだろう。と言うのは、分析対象となる実験参加者が認知症の症状を示すまで待たなければならないからである。このような研究を進んでしようという科学者は多くないのではないかと私は思う。しかし、ごく稀に運が微笑みながら私たちを見下ろすことがある。

スコットランドで行われた興味深い研究を見てみよう。一九四七年の六月に一九三六年生まれのスコットランドの子どもは全員、エジンバラ大学の研究者が行った知的能力検査を受けた。そう、読み間違いではない。この研究ではスコットランドに生まれた十一歳になる子どもを全員（あるいはほとんど全員）分析した（約七万千人）。これは、ロージアン出生コホート（Lothian Birth Cohort）という名で呼ばれるもので、今日でも研究者たちは、もう八十歳代になる調査対象の人々の認知能力を評価している。したがって、確かにベースラインの情報はあると言えるだろう。さらに、予想されるように、スコットランドの社会的特徴からみて、調査対象だった子どもたちはほとんどがモノリンガルだった。そして、この人たちが七十三歳になったときに再度、認知能力の検査が行われているので、ベースラインのデータと比較するデータもある。つまり、発達上の二つの段階、十一歳と七十三歳の時点の検査結果があるというわけだ。知りたいことは、この二種類の結果がどのように関連しているかである。

最初に分かったことは、特段驚くべきことではなかった。参加者が十一歳のときに獲得したテストの得点は七十三歳のときの認知能力を大変よく予測していた。つまり、知能は安定した個人特性ということが示唆される。こう考えるとよいだろう。もし子どもが十一歳の頃、平均よりだいぶ背が高ければ、七十代になっても背が高い可能性が高い。

もっと私たちに面白いのは、参加者の何人かは七十三歳のときの成績が、子どもの頃の成績から予想される以上に良かったのだ。つまり、七十代に入ってからの認知能力の低下が、十一歳のときのテストの点数から予想されるよりも小さかったということだ。この人たちは、加齢が認知能力に与えると予想される影響を少なくするような何かを、人生の中でしていたわけだ。さて、十一歳以降に外国語を学んだ人たち（八百五十三人中二百六十二人。すでに二言語を知っていた参加者は分析から除外）は、予想よりよい認知能力を示すことが分かった。私の意見では、バイリンガリズムが高い認知的予備力の発達を促すことを示す証拠のうち、これまでで、これが最も説得力のあるものだ。もしこれと似たようなデータベースをご存知なら、教えてほしい。

ここでこのセクションを終わりにして、バイリンガリズムは認知的予備力の発達を助けると結べたら嬉しいものだ。認知的予備力は脳障害がもたらす結果から、少なくとも数年は守ってくれるのだから。私は、モノリンガルの人々と競いたいわけではないが、私の知り合いはほとんどがバイリンガルなので、本当に友人たちの認知的予備力が高かったら嬉しいと思う。しかし、よくあるように、問題はそんなに明瞭ではない。これまで述べてきた実験結果は大変な注目を集め、多くの研究室や病院が調べ出し、さまざまな患者グループの医学的記録に目を向けるようになり、認知的予備力へのバイリンガリズムの効果がその記録の中に見出せるかを調べ出した。その結果はちょっと矛盾を含んだもので、問題をややこしくしてしまったようだ。バイリンガリズムの効果を認める研究もあったが、そうでないものもあったのだ。最悪なことは、いまだにそのような効果があったかどうかを判断する変数は何なのかが分からないということだ。いくつかの例を見てみよう。

今までで最も大規模な研究は、北マンハッタンに住むヒスパニック系の人々千六十七人の認知的機能低下を評価したものだ。調査対象はスペイン語モノリンガル話者とスペイン語－英語バイリンガル話者で、一九九〇年代から調査が開始され、認知能力を二十三年間にわたって評価したのである。一年おきに調査対象者は認知検査を受け、加齢に伴う認知的機能低下が計測された。この調査で、バイリンガリズムが個人の経時的発達に影響するのかを観察することができた。最初の結論は、調査の初期、つまり二十三年前の高いバイリンガル能力は、高い認知能力と関連があるということだったが、それはあまり意味がない（鶏か卵か問題を思い出してほしい）。しかし、認知能力の低下はバイリンガル能力の高さに依存していなかった。つまり、バイリンガリズムは認知的予備力を高めていないようである。もう一つの興味深い結果は、認知症の発症可能性に関係するものだった。この場合、結果はネガティブで、バイリンガル話者は神経変性病を発症する可能性が低いわけではなかったのである。

他の研究はさらに複雑な傾向を示している。たとえば、モントリオールで行われた調査では、バイリンガリズムは認知症に伴う症状を遅らせてはいなかった。ただし、三言語以上知っている人々では発症の遅れが認められた。また、高齢者を対象とした調査では、バイリンガリズムが高い認知的予備力の発達を促すらしいと思われたが、それは社会経済的状況が比較的低い人々でしか見られなかった。

これがこの分野の現状である。いまだにバイリンガリズムが認知的機能低下をうまく避ける助けになるのかどうかはよく分からない。私の持論をお伝えすることはできる。私の見方では、バイリンガリズムが認知的機能低下に効果があることを示唆する十分な実験的証拠がある。しかし、この効果を促進させ、実証的に検出できるほど大きくする条件は何なのかを理解できたというにはまだ不十分である。バイリンガリズムが、社会経済的地位や教育レベルなどのさまざまな変数と交互作用している可能性は十分ある。バイリンガリズムは、すべての人に実質的効果を生じるわけではないのかも知れない。おそらくそのために、多くの場合、この効果を検出するのが難しいのである。歌にもあるように、「人生はこんなものさ。ぼくが発明したんじゃない」。しかし、タオルを投げ込むのはまだ早い。知っての通り、忍耐こそ科学の生みの親なのだから。認知的予備力へのバイリンガリズムの真の効果が遠からず発見されることを期待しようではないか。ところで、ルビアネスはマルチリンガルなのだ。なので認知的予備力も持ち合わせていただろうけれど、それを満喫できなかったのはもったいない。とはいえ、そんなものは必要としなかっただろうが。

この章では、バイリンガル経験が認知システムの発達に与える影響について、最も論議を呼んでいる課題の一つを検討した。言語そのものではなく、バイリンガリズムが中央制御システムとそれを支える脳構造の発達にどのような影響を与えているのかを理解することに主眼をおいた。読者も承知のことと思うが、この課題は複雑で、やや矛盾した結果を出した研究が数多くある。この原因は、主に、注意機能がどのように働くのかが比較的わずかしかわかっていないことにある。バイリンガリズム研究の複雑さに加えて、これが、いろいろな実験を比較するのが難しい原因となっているのである。しかし、この課題は解決に向けて急速に進んでいくに違いない。というのは、この課題は重要な教育的、社会的、臨床的意味を含んでいるからだ。そのためには、小麦ともみ殻を見分けなければならない。または、雑音の中から信号を抽出すると言ってもよい。当面、私はマンハッタンから戻ったので、バルセロナで自分の注意システムを休ませることができる。ニューヨークの雑踏や、ホットドッグやチーズケーキもなつかしいので、美味しいハムでその代わりとしよう。

第五章　意思決定
あるいは、人間の首尾一貫性のなさ

ときどき感じるのは、賞の授与が慌てすぎだということだ。オスカー（アカデミー賞）を例に取り上げてみよう。候補者のノミネートや受賞者の決定に使われる基準が私には分からない。特にウォーレン・ベイティがプレゼンターになった時がそうだが、……それはほとんどうでもよい。ハリウッドだけの問題だから。もっとイライラするのはノーベル賞、特にノーベル平和賞が分からない。二人のノーベル平和賞受賞者の間で、授与される理由にどうしてこんなに多くの違いがあるのだろうか。この疑問は矛盾した状況につながっていく。たとえばヘンリー・キッシンジャーとネルソン・マンデラに賞が授与されたときだ。不可解。政治家としての経歴や慈善家としての経歴で、この二人ほど隔たっているケースはないだろう。キッシンジャーは今でも世界中で数多くの人権侵害で糾弾されている一方、マンデラは南アフリカにおける反人種差別闘争の旗手として敬愛されている。一方で法律がキッシンジャーを追い詰め、他方で世界がマンデラを讃える。しかし、キッシンジャーはさておいて今はマンデラに注目しよう（キッシンジャーの政治体質についてもっと知りたい人には、クリストファー・ヒッチンスの『アメリカの陰謀とヘンリー・キッシンジャー』が必読書だ）。

　ネルソン・マンデラは、南アフリカのアパルトヘイト政策に反対する闘争の結果、二十七年に及ぶ刑務所生活を送った。その期間中、マンデラはアフリカーンス語を学ぶことに特に専念した。この言語は、オランダ移民の子孫たちが使う言語で、彼らこそ南アフリカで四十年以上にわたる人種分離体制を確立した人々である。マンデラはどういう動機でアフリカーンス語を習おうと思ったのか。実際、南アフリカの人口のほとんどは、マンデラの母語であるバントゥー語族に属するコーサ語を話していた。言うまでもなく、多数を占める人々の大半はアフリカーンス語を話す人々をひどく嫌っていた。なぜなら、この言語と、彼らを隔離し抑圧した敵を同一視していたからである。マンデラは、刑務所の看守に扱いをよくしてもらうためにアフリカーンス語を習っているのだと言う人もいた。敵と戦う最も賢い方法は、敵の習慣や好みや「言語」を知ることだと考える人々もいた。これこそマンデラ自身が考えていたことのようである。いずれにせよ、マンデラはかつて次のように言った。彼のことばは、この章で私たちが探っていこうとしているテーマに通じるものがある。「誰かにその人に分かる言語で話したら、それはその人の頭に届く。もしその人の言語で話したら、それはその人の心に届く」。おそらくこれがマンデラが敵の言語を習い始めたときに考えていたことだろう。彼は、理性だけでなく心に語りかける言語で敵対者たちとコミュニケーションできるようになりたいと思っただろう。この章では、マンデラがいかに正しかったか、そして私たちが意思決定するときに働く感情と合理的プロセスはその時々に使うことばによってどのように変化するのかを見ていく。もし読者の中にこれを疑う人がいても、心配いらない。私も最初は信じなかったのだから。

コミュニケーション上の文脈がすべてだ

第一章で、生まれてすぐから二言語の環境で育つ赤ちゃんが直面するいくつかの課題について述べた。こういう子どもたちは、二つの言語を非常に似通った社会的文脈の下で習得する。片方の親がオランダ語を話し、もう片方がスウェーデン語を話すという場合、この二言語が使われる状況はとても似たものになる。つまり、両親は子どもをほめたり叱ったりするが、一人一人異なる言語でするわけである。しかし、大半の人々が第二、第三言語を身につける場合、第一言語を身につけたときとは社会的環境が大きく異なるものである。そういった学習は、学校のような環境に限られることが多く、対象言語の語彙や文法規則が型にはまった方法で習得される。生まれて間もない頃からバイリンガルとして育つのと学校のような環境で第二言語を学習するのには様々な違いがある。ここでは、鍵となる違いの一つ、言語使用の社会性に焦点を当てて、感情の働きを見ていこう。

ある言語を学校で学ぶ場合、教室はその言語を使う場としては非常に限定的な社会だ。そのため、生徒たちは第二言語を学んでも役に立つのかという疑問を抱き、語学に興味を失ってしまうことが多い。スペインを含む多くの国で、外国語としての英語の学習において同じようなことが起きている。今の十代の子たちから聞く不満から、私が学校に行っていた頃とほとんど変わっておらず、英語という科目はめんどうであまり役に立たないと思われていることが分かる。もちろん、親や教師や世間一般はこのような不平不満にこう言って答えるのだ「大人になって競争に勝ち残っていくのにはとても役に立つものだって、そのうち分かるよ」（ところで、私もラテン語の勉強について似たようなことを言われたものだ）。しかし、みんなよく知っているように、努力が報われるのに何年もかかるのでは、努力し続けるのは並大抵ではない。

私の意見では、学習環境は様々な言語処理に違ったかたちで影響を与えることがある。言語が使われる状況（文脈）が学校のような場面に限定されていたら、つまり、言うなれば言語が使われる社会的な側面から切り離されていたら、状況などはその言語の文法や発音を習うのにそれほど重要ではないかも知れない。反面、「語用論」と呼ばれる、ことばの使い方にとっては重要かも知れない。ごく一般的に言うと、「語用論」とは、文脈や状況によって語やコミュニケーションの行為の解釈の仕方がどのように変わるのかを明らかにするもので、話し手が単に言っていることの奥にある意図は何かを推論することや、あるコミュニケーションの場面にふさわしい言語使用域は何か、といったことである。

たとえば、皮肉っぽく話をするとき、私たちは、聞き手が聞きたがっているのと反対のことをわざと言ったりする。レストランで、私は大抵、ハムはおいしいか、まずいかと尋ねる。もしただ

「おいしいか」と尋ねたら、お店の質を問題にしているように聞こえるかも知れず、ウェイターは「もちろんおいしいです」としか答えようがなくなってしまうだろうし、どうでもいいという口調になるかも知れない。おいしいか、まずいかと聞けば、ウェイターも私が何を知りたいか察することができて、バカにされたという気持ちにならずにすむ。ただ「おいしいですよ」としか言わない返事を何度もらったか知ったら、読者は驚くはずだ。そういう返事のときは、他のものを注文することにしている。語用論は間接的な言い方をするときにも働いている。たとえば、『ゴッドファーザー』の中でヴィトー・コルレオーネが「あいつが断れないオファーを出してやるんだ」と言っているが、ヴィトーの本当の意図は、「あいつはオレの申し出を二つ返事で受け入れるさ」ということだ。このようなコミュニケーションがうまくいくには、話し手同士が、コミュニケーション行為がなされる文脈について共通の理解を持っていなければならない。あなたの上司が「あなたが断れないオファーを出そう」と言うのと子どもがそう言うのは同じではない。文脈が問題になるだけではなく、話し手が語の意味についての高度な知識、それも意味が文脈によってどう変化するかという知識も含めて持っている必要がある。

これがおそらく、私たちが第二言語を習得する際に一番難しいことだろう。実際のところ、これは第一言語でも難しいのである。子どもを見ていて分かるように、子どもは大体六歳ごろまでは普通、ことばを文字通り解釈してしまう。ここでいろいろな語用論の説――その多くは言語哲学がもとになっている――を示すつもりはないが、代わりに外国語を習った人なら馴染み深い二、三の例に焦点を当ててみたい。ここに挙げる例は、後に続くセクションの土台作りになるだろう。後のセクションでは、感情、第一言語と第二言語の処理、それと意思決定の間の関係に焦点を当てる。

友だちグループの誰かが外国語で冗談を言う。すると「分からん」と頭の中の小さな声が言う。他のみんなは笑っているのに自分だけは笑えないのだ。なんとかニッコリする。他の人たちの笑いに感染したのか、冗談が分からなかったことを知られたくないからか。しかし、分からなかったのは事実で、自分はそれを知っている。落ち込んで、学校時代の外国語のクラスでの八年間を呪うのだ。単語や語句が理解できないのではない。それはちゃんと分かるのに、何も面白いと思えることが特に見つからないのだ。外国語でユーモアを理解するのはどうしてこんなに難しいのだろうか。

ユーモアは、いくつものトリックが働く非常に複雑なコミュニケーション行為である。私たちの言う冗談には、皮肉や含みや驚きが込められていたり、口調に意味を込めたり、ことばの二重の意味やだじゃれなどが含まれている。しかし、とりわけユーモアを理解するには、文字通りの意味を忘れて、そうこう言ったからといって、それをそのまま解釈するのがいいとは限らないことに気がつく必要がある。この対比が笑いを誘うのである。こういうことはどうやって学ぶのだろうか。どう教えるのだろうか。学校で教えることができるだろうか。それはとても疑わしい。語学のクラスは、ことばの文字通りの意味に集中しがちであり、いろいろな文脈でどう使うのかは脇に追いやられやすい。このようなことは、社会的分脈の中で実際に言語を使わないと身につかないのかも知れない。つまり、ことばの意味が、何を意図しているかによって変わるような状況の下で他者とやりとりし合うことだ。私の場合、外国語を身につける上での節目の一つは、初めて冗談をその言語で説明できるようになったときだ……もちろん、他の人にもそれがおもしろければだが。

もう一つの例は、「汚い」ことばや表現である。世間で使われている「罵《のの》りことば」をいちいち列挙しないが、私がどんなことばのことを言っているかお分かりのことだろう。驚いたことに、外国語の罵りことばは比較的すぐに学習される。おそらく、子どもたちは親から使ってはいけないと言われたことばを別の言語で習うのが面白いのだろう。この考えにそえば、子どもたちに数学は勉強するなとか、ピアスは体中にしろとか、言ってみるのがいいのかも知れない。そしてその反対をするかどうかを見るのだ。ただし、こういう時にはその通りにするのではないかと心配ではあるが……。私たちはみな多かれ少なかれ罵りことばを使う。なぜそんなことをするのか、さまざまな説明があるが、興味があればスティーブン・ピンカーの名著『思考する言語』の中にあるこのテーマに関する彼の思索を読むとよい。私の見方では、罵りことばを使うこと自体に問題があるのではない。問題は、いつ使うのか、とりわけ、特定のコミュニケーションの場面でどのことばを使うのかなのである。そして、これは身につけたり、気づくのが難しい。なぜならそれは大方の場合、社会的、言語的、感情的文脈に依存しているからである。どのことば使うのかは、一つ一つのことばが引き起こしたり、コミュニケーション中の状況のもとで抱く感情の強さにとても密接に関連している。誰もやり過ぎたくもないし、もの足りなさすぎるのも望まない。さらに、大抵、罵りことばは、私たちの口からほとんど自動的に出るが、このようなことばの効果は、メッセージがもっと感情的になって、他者の注意をひくくらいのものだ。何か予想もしなかったことが起きたときに、どれぐらい口汚いことばをつかっているだろうか……しかも周りに誰もいないのに。

これらのことばや表現には、その意味を決めたり、それぞれの文脈での使い方のヒントになる基本的な感情的な含み（含意）がある。教室で外国語を学ぶときに、どうやって私たちはこれを学ぶのだろうか。おそらく不可能だ。もしそう思わないなら、誰かに「sh＊t」と「f＊ck」の使い分けを説明してみるとよい[14]。幸運を祈る。別に訳語を知らないというわけではない。これらの語は、クラスが始まったときに、生徒たちが真っ先に調べる語だ。両親が子どもに買い与えた真新しい辞書で。確かに罵りことばの中には、訳語が存在しないものもある。というのは、文化的理由から一つの言語でしか使われないからだ。しかし、この手の表現の多くは、性的なテーマやわいせつなものなので、さまざまな表現の仕方がある。しかし、これだけ分かってもまだ不十分なのだ。なぜなら、使い方が分かっていないし、こういう表現を聞いたときに大方の場合は正しく理解できていないからだ。こういうことがよくあるのは、外国語の語用論的知識が欠けているだけでなく、そういうことばは母語の対応する語に訳したときにしっくり「聞こえない」と感じられるからだ。しかし、「しっくり聞こえる」とはどういうことなのか。そう、そういう表現を聞いたときに経験する感情的な反応が同じではないようなのだ。また、かなりの程度その意味に影響を受けるので、正しいように聞こえないのである。このようなことが合わさった結果、外国語の罵りことばは不適切になるばかりか、そういうことをさほど気にしていないように聞こえてしまう。私たちは外国語と心理的隔たりが大きいだけに、罵りことばを母語のときよりたやすく使ってしまい、その外国語の母語話者はびっくりして、居心地の悪い思いをするのである。これは本当だ。だから、外国語を身につけるもう一つの節目は、罵りことばのふさわしい使い方を知ることだ。そして、もし罵りことばがひどく聞こえて、ひどいと感じさせるようなら、それは一つの節目を越えたということなのだ。

残念なことに、第二言語で冗談を説明したり、罵りことばを正しく使ったりという節目は、専門家たちが教授法を開発するときに、考慮に入れる項目になっていない。実のところ、専門家たちは、ここまで書いてきたことにイライラするのではないだろうか。なんだかんだ言っても、一番大切なことは、生徒が不規則動詞を覚えたり、スペルミスをしないことだとみんな思っている。これは一番大切なことではないかもしれないが、学校のようなところでは一番しっくりくる教え方なのだ。そういうものだ。しかし、生徒がクラスでちゃんと注意を向けなくてもそれほど問題ではない。というのは、言語習得の大部分は、教室でされるというよりむしろオンラインでプレイステーションのゲームをしたり、音楽を聴いたり、YouTubeを観たりして身につけるものだから。つまり、社会的状況（文脈）の中で言語を使うことによって身につくということだ。

（14）［訳注］「sh＊t」は、嫌なこと、まずいことがあったときに「クソッ！」「ちくしょう！」という感覚の表現。「f＊ck」は、強い怒りやいら立ちなどを表す「クソッ！」「ちくしょう！」という表現。

言語と感情、あるいはことばで言い表したいことが表せないとき

ネルソン・マンデラは、誰かと話すときにその人の母語を使えばメッセージは心に伝わるが、第二言語では頭にしか届かないと考えていた。それはちょっと誇張かも知れない。何世紀も前、シャルルマーニュ（カール大帝）はフランス語とラテン語を話し、古典ギリシア語も解したが、こう言っている「もう一つの言語を知っているのは、第二の魂を持っているようなものだ」と。これはもっと大きな誇張だ。しかし、これに何か真実はないだろうか。私たちの感情的反応は、第一言語と第二言語でどのくらい違うのだろうか。

この後に扱う内容をうまくまとめている例を挙げたいと思う。私は幼少の頃からカタロニア語とスペイン語を話しているが、私が一番馴染んでいる言語、つまり母語はスペイン語だ。しかし、私は息子と話すときは大抵カタロニア語でするし、友人や同僚や学生ともほとんどカタロニア語で話す。息子が十一歳ぐらいの頃、私と彼は口論になり、今となっては何についてだったかは忘れたが、やがてヒートアップした。息子が一線を越えたとき、私はカタロニア語で話すのを止め、スペイン語に切り替えた。それまでは大なり小なり普通だったが、面白かったのは息子の反応だ。「だめ、お父さん、スペイン語はだめ！」「何？　なんて言った？」と私。息子が答えて言うには、以前に気がついたのだが、お父さんが怒ってスペイン語に切り替えるのは、本当に腹を立てているからなんだと。息子は学習したのだ。私の母語で表す感情の強さはそうでない言語のときより激しく、私が本当に怒ったときは、スペイン語が出てくることを。私は笑い出し、怒りは消えてしまった。と

もあれ息子は外出禁止の罰を受けた。

この問題を調べた一連の研究で、二つの異なったアプローチが取られている。まず、バイリンガル話者に二つの言語を使っている際の感情状態について尋ねたフィールド研究がある。特にアネタ・パヴレンコとジャン＝マルク・デウェールの研究では、私たちが経験する感情の認識は母語を話しているときの方が外国語を話しているときよりもはるかに大きいことが示された。言い換えれば、「響き方」が違うということだ。このような研究は、自分の使う言語と話者の関係を具体的に尋ねているので、大変参考になる。しかし、回答にバイアスがかかっていたり、言語が異なる場合はこう感じるだろうという判断に影響されている可能性もある。別の言い方をすれば、「I love you（英語）」と「Te quiero（スペイン語）」とでは、聞いたときに感じ方が違うかと尋ねられたら、私の母語であるスペイン語の方がより強い感情を感じると答えると思う。ただし、感じ方が現実と同じかどうかはすぐにはっきりとは分からない。私が「感じていると思っている」のと、「本当に感じている」のとは別物なのである。この疑問を解くにはさらに研究が必要だ。

もう一つのアプローチは、より間接的な実験を用いて、語や語句に対する感情的な反応が二つの言語でどれくらい違うのかを調べるというものである。このような研究の結果の方が一貫性が低い。この一連の研究をいくつか見てみよう。

前の章で注意の制御を扱ったところで、ストループ効果について触れた。ストループ効果は、刺激の属性のうち、与えられた課題に関係しないものが、課題に干渉することによって生じる。たとえば、語の文字の色を言うように指示されたとしよう。原則的に、呈示された語の意味は課題に関係しない。文字が何色で書かれているかを言えばいいのだ。したがって、黒で書かれた「オートバイ」という語の色を言うのと、やはり黒で書かれた「赤」という語の色を言うのでは、かかる時間は同じはずだ。仕掛けが分かっただろうか。正解は、色を意味する語の方が、そうでない語よりも言うのに時間がかかる。つまり、課題に関係のない刺激の属性（語の意味）が課題（文字の色を言う）に妨害を与えるため、結果として課題の実行に影響を与えるのである。そこで、同じような研究を感情語を使って行うことができる。これまでに分かったことは、語の意味が感情的な反応を引き起こすものだと（「love（愛）」や「death（死）」）、そうでないもの（「table（テーブル）」や「beer（ビール）」）と比べて、語の文字の色を言うのに時間がかかるのだ。このような結果から、単語が持つ感情価は自動的に注意を引く。そして感情価が高いと、私たちは注意をそがれ、文字の色を言うという目下の課題に配分できる認知資源が少なくなってしまう。実のところ、実験参加者の第二言語で単語が呈示されると、この効果が低下することを示す研究は多くある。つまり、第二言語だと単語の感情価が小さくなると考えられ、そのためにあまり注意をそがれず、干渉もそれほど大きくならないのである。それはそうなのだが、そのほかの研究では、この種の実験でそれほどうまく言語による差が表れていない。したがって、疑問はまだ解消されていない。

他には、感情語に起因する自律神経系の変化の結果生じる精神生理学的反応を調べた研究もある。どうやってそのような反応を計測するのだろうか。感情的な状況によって引き起こされる変化を示すものがある。皮膚コンダクタンス（伝導率）、心拍リズム、瞳孔拡張などのレベルがそうだ。私たちは、感情的になると、発汗によって皮膚伝導率が上がり、心拍数が増大し、瞳孔が開く。ボストン大学のキャサリン・コルドウェル＝ハリスが行った一連の研究で、幼児期を過ぎてから習得した第二言語では、感情的な刺激に対する皮膚伝導反応または皮膚電気反応が小さいという結果が出ている。その中でも特に好奇心を刺激する実験が一つあって、実験参加者の第一言語または外国語で「恥ずかしいと思わないのか？」などの叱責のことばを使ったものだ。このような表現は、「その自動車は青い」などの中立的なことばに比べて、より大きな皮膚電気反応の変化を引き起こすが、それは、実験参加者の第一言語で呈示された場合に限られる。

このような結果が示すことは、私たちの子供時代の社会的経験が、成人になってからの言語処理に影響を及ぼすということだ。それはあたかも、私たちの親が私たちによく言っていた表現とそれによって心の中に引き起こされた感情状態が結びつけられているようなものだ。この結びつきは、親が話していた言語の中にいつも存在し続けるのであって、大人になってからであったり、教室場面で学習した言語ではそれほどではないのである。

さらに、第一言語と第二言語で呈示された感情的なメッセージに関連した脳活動を検証した研究もある。たとえば、ベルリン自由大学で行われた研究では、『ハリー・ポッター』の中から中立的な文章と肯定的な含みのある文章と否定的な含みのある文章を読んでいるときのドイツ語‐英語バイリンガル話者の脳活動を分析した。結果ははっきりと出た。感情的な表現の文章を読むと、中立的な文章に比べて、扁桃体などの感情処理に関連する脳部位の活性化が大きかったのである。ただし、これは、参加者が第一言語（ドイツ語）で文章を読んだ場合だけで、第二言語（英語）では、どちらの文章でもほとんど脳活動に差はなかった。

こういった研究で、幼少期を過ぎてから習得した言語では、感情的な反応は比較的小さいことが示されたが、さらに研究が必要である。たとえば、このような脳活動の低下が、第二言語自体が関わっているものなのか、それとも第二言語を学習したときの社会的文脈（環境）によるものなのかは分かっていない。また、これが言語習得開始年齢とだけ関わり合うのかも分かっていない。私の感覚では、このような変数はすべて感情的反応に何らかの影響を及ぼしていると思う。とはいえ、おそらく最も大きな決定要因は、社会での言語の使われ方だろうが。

意思決定――直感と理性

私が研究を始めたのは、バルセロナ大学の心理学部で、もう二十年以上前の話だ。一九九一年のことで、心理学部の二年を終えたところだった。夏休み中に何かできることはないかと思って、心理学部に行った。私は、認知全般に興味があったが、特に意思決定と問題解決に興味を持っていた。学部に向かっている途中、私はヌリア・セバスチャン教授とばったり出会った。教授はことば巧みに、私を言語とバイリンガリズムの世界へ誘い込んだ。「意思決定と問題解決よ、さようなら。こんにちは、言語」というわけだ。二十年以上経って、私は二つのことをやり遂げた。一つは、ヌリア教授との共同研究を続け、また友好も深めている（ありがとう、ヌリア）。二つ目は、バイリンガリズムと組み合わせてではあるが、ついに意思決定の研究ができるようになった。「意志があれば、道は開ける」と諺にもある通りだ。この章では、意思決定を扱うが、まず基本的な概念を紹介した後で、私たちが使う言語によって私たちの意思決定が影響されるのかというテーマに移っていこう。今度はこの続きを読み飛ばさないでいただきたい。絶対に面白いので。

過去四十年の認知心理学の分野で最も影響力のある二人の研究者といえば、ダニエル・カーネマンとエイモス・トベルスキーだ。彼らの研究のおかげで、意思決定に際して働く認知的メカニズムについて多くのことが分かった。そのような発見の成果として、認知心理学と経済学にまたがる新しい分野が誕生した。この分野は行動経済学と呼ばれるようになっている。二人ともノーベル経済学賞（もしあれば心理学賞）に値したのだが、残念なことに、二〇〇二年まで待たなければならず、トベルスキーはすでに他界していたため、カーネマンだけが受賞した（マイケル・ルイスが『後悔の経済学——世界を変えた苦い友情（*The Undoing Project*）』の中で二人の関係を描いている）。

この二人の貢献の中心は、ハーバート・サイモンが提唱した理論を発展させたことだ。サイモンは一九七八年にノーベル経済学賞を受賞している。手短に言えば彼らの理論は、意思決定が必要な複雑な状況のもとでは、人は状況に伴う詳細を簡略化して、選択肢の本当の確率を計算するのではなく、定石のような手っ取り早い近道（ヒューリスティック）をとる傾向があるという主張だ。問題を簡略化して近道を取ることによって、私たちは当面の問題に対する直感的解決を見出すのである。それはあたかも、問題に絡む変数を考える必要なく、（まるで黄金律のように）一目で明らかな解決を見るようなものだ。このような近道はうまくいくことが多く、問題の直感的解決が、目的に一番あっているものなのだ。たとえば、もし交際を止めようと考えていて、交際を続けるのとおしまいにするのとのメリットとデメリットをリストアップするなら、もう交際は終わったのだと考えてみよう。恋愛はそのようにはいかないものだ。こういう場合、解決に至る筋道を詳しく辿ることなどまずできない。なぜそれを選んだのかは分からないが、うまく行ったのだ。直感の一部は、前に似たような状況にあったときから大抵無意識のうちに蓄積した経験がもとになっている。そのように無意識のうちに身につけると、似たような状況があれば、ほとんど瞬時に問題の解決策を見つけることができる。

しかし、他のときには、このようなヒューリスティックな近道を取ると、現実が歪められたり、与えられている選択肢の確率がずれたりする。文脈（状況）によって、このような歪みやずれがあると、私たちの行動や意思決定は合理性に欠けることがあり、目的に対して最適なものではなくなる。これは「思考バイアス」と呼ばれる。もし私たちがいつも細心の注意を払って問題に関わるさまざまな変数を考慮して、私たちのとる行動の期待値を最大化するなら、私たちは、かつての古典的経済学者たちが考えた「ホモ・エコノミクス（経済人）」のように行動することになってしまうだろう。しかし、実際には私たちは「ホモ・サピエンス（賢い人）」なのであって、私たちの意思決定は、直感的プロセスによっても影響を受けるのである。トベルスキーは自分の研究についてこう言った。「私の同僚たちは、人工知能（artificial intelligence）を研究するが、私は自然愚痴（natural stupidity）を研究する」と。この節ではいくつか抽象的な用語を使ったが、すぐ分かってくるはずだ。

トベルスキーとカーネマンの研究から古典的例を取り上げてみよう。

リンダは三十一歳で独身。はっきりものを言う人で、非常に頭がきれる。彼女は、大学時代に哲学を専攻していた。また、彼女は差別や社会的公正の問題に深い関心を持ち、反核デモにも参加していた。リンダについて、どちらの方が確率が高いでしょうか？

（a）リンダは、銀行の窓口係をしている

（b）リンダは、銀行の窓口係をしていて、フェミニズム運動の活動家

あえて言うと、読者の多くは二つ目の選択肢（b）を選ぶだろう。少なくともすぐ気づくことは、多くの人はそのような疑いを持っているということだ。ちょっと考えれば、正解は極めて明らかだ。一つ目の選択肢（a）の方が確率が高い。なぜか。二つのことが同時に起こる確率が、そのうちの一つだけ起こる確率より高いはずはないからだ。平く言えば、リンダが銀行の窓口係で活動家ならば、彼女が窓口係なのは確実だ。リンダが窓口係であっても、活動家ではない可能性はある。トベ

ルスキーとカーネマンの研究では、約八十五％の人が二つ目の選択肢（b）を選んだ。「連言錯誤」に引っかかってしまったのである。この錯誤の原因と思われるのは、いわゆる「代表性ヒューリスティック」で、二つ目の選択肢の方が、論理的には明らかに確率は低いのだが、リンダに関する説明とよく一致するのである。別の言い方をすれば、前置きの説明を前提とすれば、リンダが窓口係で活動家であると考えるのは、実際には確率は低いのだが、理にかなったことなのである。しかし、もう少し気をつけて考えれば、問題なく正解を見つけることができる。しかし、そのためには、私たちの直感が教えてくる答え（リンダは窓口係で活動家）を拒否しなければならない。

後で他の研究も見るが、特にこのような研究を通して、研究者たちは意思決定プロセスには二つのシステムが働いているという仮定を打ち出した。一つは、直感的システムが、近道のヒューリスティックを起動させて、すばやく、ほとんど自動的に解決案を出してくれる。これは専門用語では「システム1意思決定」と呼ばれている。これによって、私たちはものごとをはっきり見ることができる（リンダは銀行の窓口係で活動家）。もう一つは、「システム2」と呼ばれる論理的で内省的なシステムである。このシステムでは、問題に関わるさまざまな変数を考慮し、直感で至るのよりもさらに深い結論に達することができる。このシステムは熟考的なシステムである。しかし、このシステムはスピードが遅く、認知的に努力を要し、認知資源という点で負荷が高い。つまり、立ち止まって考えなければならない。私たちの意思決定は、複雑な形でこの二つのシステムの影響を受ける。実際、この二種類のシステムの交互作用によって、最終的には私たちの思考の道筋がつけられるのである。ここで私たちが知りたいのは、私たちの意思決定に対する各システムの関与がどのような要因によって促進されたり妨げられたりするのかである。カーネマンと競いたいとは思わないので、ここではそういった要因について詳しく述べないが、もしこれについてもっと知りたいなら（いや、自分の意思決定を理解するためには知るべきだ）、『ファスト＆スロー――あなたの意思はどのように決まるか？』を読むべし。絶対お薦めだ。次に、問題を表現する言語がどの程度、私たちの判断や好みや意思決定に作用する要因の一つと言えるのかを分析していく。

どの言語を使うか気をつけろ――それによって意思決定が左右されるかも

直感的プロセスが意思決定に関与するのを増大させる要因の一つは、特定の状況によって引き起こされる感情的反応だ。非常に感情的な状況の下では私たちは直感に身を委ねてしまう、つまり言うなれば、私たちは立ち止まって考え、目前に何があるのかを判断するのが苦手なのだ。ソフトウェアの開発者たちは、このような衝動を抑えられるように、メールの発信を数分から場合によっては数時間も遅らせるプログラムを作ったりした。これなら、すでに送ってしまったメールを取り消すことができるというわけだ。このようなプログラムを使えば、もう一度よく考えて、トラブルになることを避けられるようにしてくれる。もう少し単純化して言うと、状況の感情性が下がれば、直感的プロセスをうまくコントロールでき、ヒューリスティックによって持ち込まれるバイアスをもっとうまくコントロールできるということだ。

前のセクションで、成人になってから学習したり、現実社会から（ほとんど）切り離された教室のような環境で学習した第二言語を使うと、その言語で感情を込めた反応は少なくなることを示す証拠をいくつか見てきた。罵りことばも叱責もハリー・ポッターの呪文も、母語とそうでない言語では違って聞こえるのだ。この「違って聞こえる」という感じのせいで、第二言語では感情を感じにくくなる。

このような背景から次のようなことが起きる。ヒューリスティックに伴う思考上のバイアスが、引き起こされる感情の強さに応じて強く働くとして、外国語を使うことによってメッセージに起因する感情があまり高まらないならば、第二言語で意思決定をする際、そのようなバイアスはそれほど影響しないのではないか。もしそうだとしたら、第二言語を使っている場合、第一言語と比較して、意思決定にはより慎重で論理的な思考をするようになる。システム2主導になる可能性が高くなるはずだ。

意思決定における「フレーミング効果」を調べてこの疑問を分析した最初の研究は、シカゴ大学のボアズ・ケイサーによるもので、二〇一二年の *Psychological Science* 誌に発表された。ここで、フレーミング効果とは、特定の問題に対して選択肢がどのように呈示されるかによって私たちの判断が変化することを指す。ケイサーの研究で使われた次の例で実際に試してほしい。フレーム（文脈）はどちらの選択肢の価値も変化させるわけではない。単に選択肢がどのように示されるかだけが変わるのである。

ゲイン・フレーム

最近、危険な新種の疾病が広がっている。薬を投与しないと、この病気で六十万人が死亡する。これだけの数の人々を救済するために、二種類の薬が開発されている。

もし薬Aを選べば二十万人の命が助かる。

もし薬Bを選べば、三十三・三%の確率で六十万人を救えるが、六十六・六%の確率で一人も救えない。

どちらの薬を選びますか。

あなたはどちらの薬を選んだだろうか。心配しなくてもよい。一方がもう一方よりもよいというわけではないのだから。実のところ、経済学的に見て、期待される価値は両方同じである。唯一違うのは、薬Aを選んだ結果はどうなるかが確実という意味で安全なのに対して、薬Bを選ぶのはギャンブルだということだけだ。どちらを選ぶかはいわゆる「リスク回避」にかかっている。別の言い方をすれば、選ぶ人がどれくらい強気になるかにかかっているということだ。いずれにせよ、大体七十五%の人は、二十万人が助かるという薬Aを選ぶ。これは同時に四十万人は確実に死ぬことを意味するのだが。ことわざにもあるように「明日の百より今日の五十」というわけだ。ここまではすべて論理的にみえる。しかし、ここから実験的仕掛けと先駆的発見の話になる。別の実験参加者たちは、ゲイン・フレーム条件と同じ問題と選択肢が呈示されたが、焦点のおき方が違ったのである。

ロス・フレーム
最近、危険な新種の疾病が広がっている。薬を投与しないと、この病気で六十万人が死亡する。これだけの数の人々を救済するために、二種類の薬が開発されている。

もし薬Aを選べば四十万人の命が失われる。

もし薬Bを選べば、三十三・三％の確率で誰も死なずに済むが、六六・六％の確率で六十万人が死亡する。

どちらの薬を選びますか。


ううん、判断が変わっただろうか。今度はもっとリスクを取って薬Bを選ぶだろうか。命が助かる人数が強調される（ゲイン・フレーム条件）ではなく、命を失う人数が強調される（ロス・フレーム条件）と、少なくとも安全な選択肢はそれほどよくは思えなくなる。どちらの問題条件も、もたらされる結果から言うとまったく同じである。したがって、どんな選択をしても、この二つの問題条件では結果は同じなのである。つまり、もし私たちがホモ・エコノミクスであるならばだ……しかし実際はそうではない。二つ目の問題条件では、よりリスクの高い回答（薬B）を選ぶ人の数は、最初の問題条件よりもはるかに多いのだ。なぜか。それは、最初の問題条件では、安全（確実）な結果をもたらす選択肢（薬A）がゲイン（何人の命が救われるか）というかたちで示されているのに対して、二つ目の問題条件では、ロス（何人の命が失われるか）というかたちで示されていて、私たち人間は命やお金など何であれ失うのが大嫌いだからである。私たちは「損失（ロス）回避」症なので、二つ目の問題条件で何人が命を失うかが分かると、リスクがあっても可能性に賭けるのである。「一ペニー借金するなら、一ポンド借金したも同然だ」ということわざみたいなものだ。フレーミングの効果で重要なことは、私たちの意思決定は、呈示された選択肢から期待できる価値（あるいは、結果）に左右されるだけでなく、選択肢がどのような枠組み（フレーム）の中でどのように説明されるかによっても左右されるということである。もし安全（確実）な選択肢が得だというふうに呈示されれば、私たちはリスクを回避するためにそれを選択する可能性が高い。もしこの同じ選択肢が損だというふうに呈示されれば、私たちは前者の場合よりもリスクを取る傾向がある。

ケイサーが発見したことは、課題が外国語で出されると、選択肢がゲインなのかロスなのかという呈示の仕方によって判断に違いが出るという傾向が消滅するということだ。外国語で意思決定に直面すると、損失回避にまつわる感情が影響しないようなのである。驚きではないか。私たちが行う選択肢の判断や選好や意思決定は、確率を計算したり、呈示される選択肢を合理的に評価したりして行っていると思いたい。私たちが意思決定をする際に、問題の本質と関係のないことは無視するはずだ。それはそうだとして、もし問題の呈示をロスの視点からするのかゲインの視点からするのかというような、問題の本質と関係ない側面が私たちの意思決定に影響するのなら、その影響は言語によって差があるはずはないが、現実には差があるのだ。言語は確かに私たちの判断や選好に影響するのである。研究者たちは、この現象の原因は外国語との関係で感情経験が低下することによると考えている。これによって、損失回避傾向が低下するので、実験参加者はより一貫性のある……言ってみれば合理的な行動をとるようになる。つまり、ロス・フレーム条件でも外国語ならばそれほど大きな負の感情効果は生じないので、ゲイン・フレーム条件と比較してそれより大きなギャンブル的（リスクをとった）反応にはならないのである。

最初この結果を読んだときに、私は信じられなかった。このような結果が大きな驚きだっただけでなく、非常に重要な社会的、経済的、政治的意味が秘められていたからである。第二言語や第三言語で問題を議論し、意思決定をする人が何人いるだろうか。コミュニケーションをとるのが難しいはずの言語の方が論理的で一貫性があるというのはどうしてなのだろう。これはよいことなのか、悪いことなのか。政治家たちは国内また国際的場面でどの言語を使っているのか。会社のミーティングは外国語にした方がよいということなのか。「まあ、そう慌てるな」と私は思った。もしこの現象が一般的に当てはまる性質のものであるならば、今回の発見は、この章で説明したフレーミング効果だけに限定されるのではなく、その他の実際的場面にも現れるだろう。そこで確かめてみようと、意思決定と言語の相互作用に関する一連の研究に着手したのである。私は、二十数年前にバルセロナ大学の心理学部でこういったテーマで研究を始めたのだったが、今度はポンペウ・ファブラ大学の脳・認知センターで再びこのテーマに取り組むことになった。

私たちの研究から分かったことは、意思決定における外国語効果は確かに一貫していて、他の状況にも一般化できるものだということだった。一つか二つの例を挙げてみよう。実験の一つで、リスク回避の分析を行った。すでに見たように、リスク回避とは、基本的に人間は安全な選択肢が必ずしもより有益とは限らなくても、リスクの高い選択肢よりもっと安全な選択肢を好むという説を指す。別の言い方では、私たちが選ぶ選択肢の期待値は、その他の選択肢の期待値よりも低いが、前者の方がより安全で、後者の方がよりリスクが高い。私があなたに二つの宝くじの一方を買うように尋ねたと想像してほしい。一つ目の選択肢（宝くじA）では、二ポンド儲かる確率が五十％あり、一・六ポンド儲かる確率が五十％ある。そこで、コインを空中に投げてみる。もし表が出たら、あなたは二ポンドもらえる。もし裏が出たら、一・六ポンドもらえる。もう一つの選択肢（宝くじB）では、もし表が出たら、あなたは三・八五ポンドもらえる。もし裏が出たら、〇・一ポンドもらえる。ギャンブルはどれもこんなだったらなあと思う。ギャンブルに勝っても負けてもお金がもらえるのだ。だが、とにかくあなたは、どちらを選ぶだろうか。宝くじAでは、最も少ない儲けは一・六ポンドで、宝くじBが保証する最低限（〇・一ポンド）よりかなり多い。したがって、宝くじAは、うまく行かなかったときの保証された利益を考えると、宝くじBより確実だ。しかしながら、結果的にあなたがついていて、勝った場合には、宝くじBの賞金は宝くじAの賞金のほぼ二倍になる（三・八五ポンドvs.二ポンド）。

ホモ・エコノミクスなら、ちょっと分析しただけで、二つ目の宝くじの方が期待値が大きいと分かるので、そちらを選ぶのは疑いのないことだ。そう、読み間違いではない。あなたは宝くじAを選んだかも知れないが、ホモ・エコノミクスは宝くじBを選ぶはずだ。しかしいったいなぜあなたは宝くじAを選択したのだろう。それは、宝くじBの方が、負けた場合にもらえる金額が少ないという点で、宝くじAよりもリスクが大きいことが暗に分かるからだ。私たちがこのような判断課題を外国語――バルセロナの学生の場合は英語――で出したところ、リスク回避を示す傾向が小さくなった。言い換えれば、期待値は少ないが、安全な宝くじAを選ぶことが、参加者の母語のときよりも外国語のときの方が少なかったということだ。これは確かに、外国語で問題に直面したときによりよい判断をしたと言える。私たちの解釈では、外国語で問題が示された場合には、リスク回避を引き起こす感情的反応がそれほど強くないことによる。だから、もう分かっただろう、もしカジノを選ぶなら、あなたの母語で話しかけてこない方を選んだ方がよい……。

もう一つの例は、「メンタル・アカウンティング（または、サイコロジカル・アカウンティング）」と呼ばれるものと関係がある。これは、経済取引の価値をどのように分類しているかを指すことばだ。読者にお馴染みの状況を見てみよう。ある土曜日、近くの店でここ二週間ほど目をつけていたジャケットを買おうと出かけた。そのジャケットがどうしても必要というわけではなかったが、このシーズン最初の買い物で、この数ヶ月仕事でがんばった自分にご褒美をあげてもよいだろうと思ったのだった。それに何の疑いも持たなかったし、結局のところ、私たちは誰でもたまには自分を甘やかす権利はある。お店に入る直前に友人と出くわした。彼がいうには、別のショッピングセンターで同じジャケットをここより安い値段で売っているという。ジャケットは、近所の店で百二十五ポンド。ショッピングセンターだと百二十ポンドだが、車に乗って十分運転しなければならない。あなたならどうするだろうか。五ポンドを節約するために車を出してショッピングセンターまで運転するのか。この問いに正解はない。あなたの決断は、あなたがどれだけ倹約家なのかや買い物できる時間がどのくらいあるのかなど、いろいろな要因によって左右される。しかし、今度はこう想像してほしい。ジャケットを買いに行くのではなく、十五ポンドするスカーフを買いに行こうとしていたら、友人がショッピングセンターでは同じものが十ポンド、つまり五ポンド安いと知らせたとする。ショッピングセンターに行く気になるだろうか。答えは、多分「イエス」あるいは、少なくともジャケットのときよりも行く気になる人が多い。面白くないだろうか。ジャケットでもスカーフでも、ショッピングセンターまで行けば五ポンド節約できるのだ。それなら同じではないのか。ポイントは、同じようには「感じられない」ということなのである。

私たちの研究では、この現象において外国語効果があるかどうかを探った。そのために、次のような状況を別々の実験参加者グループに呈示した。

十五ポンドの商品のディスカウント

あなたは、百二十五ポンドでジャケット、十五ポンドで電卓を買いたいとしよう。店員から、あなたが買いたいと思っている電卓は他の店でセールになっていて十ポンドだと告げられた。他の店は車で二十分のところにある。あなたなら、他の店まで行きますか。

百二十五ポンドの商品のディスカウント

あなたは、十五ポンドでジャケット、百二十五ポンドで電卓を買いたいとしよう。店員から、あなたが買いたいと思っている電卓は他の店でセールになっていて百二十ポンドだと告げられた。他の店は車で二十分のところにある。あなたなら、他の店まで行きますか。

この二つの状況は、経費の合計（百四十ポンド）とディスカウント幅（五ポンド）の点で同じである。唯一違うのが、一つのケースでは、価格の低い商品（十五ポンド）に対するディスカウントであるのに対して、もう一方のケースでは、ディスカウントは価格の高い商品（百二十五ポンド）の方へのものであるということだ。結果ははっきり出た。問題文が参加者の第一言語で呈示されたときは、約四〇％の人が安い商品にディスカウントが付いていればお店を変えると回答したのに対して、高い商品に対するディスカウントでもよいと回答したのはわずか一〇％だった。問題文が外国語（英語）で呈示されると、この差は約半分に減少したのである。問題文を外国語で聞くと、よりじっくりと考えて判断をしているかのようである。つまり、結局のところ五ポンドの値引きは、商品の値段や割引率に関係なく五ポンドの値引きで同じだという判断なのである。

意思決定に対する外国語効果は、また、リスク判断にも現れるようである。たとえば、ある活動について利得とリスクを評価するように参加者が教示されたとする。課題が外国語で呈示されると、リスクの危険性は比較的低く利得は比較的重要だと評価されるようなのである。もし原子力発電所にどれくらいの危険性が関連しているかを尋ねたら、外国語で質問された場合は危険性の見積りが低くなる。したがって、回答者の第一言語でない言語で行われた調査を比較する時には注意が必要だ（たとえば、移民労働者の就労満足度調査を考えてみよ）。

このような結果から、課題の呈示に使われる言語によって、私たちの意思決定（判断）が左右されることが示唆される。事実、外国語を使う状況では、私たちはより一層一貫性のある思考をし、言うなれば、母語を使うときよりも深く考えるということだ。しかし、この効果の背後に何があるのだろうか。何に起因するのだろうか。私たちが外国語で問題に取り組むときにはもっと注意を払い、努力するという可能性もある。おそらく、そうすることで、直感的なバイアスを低減させて、より合理的な判断ができるのだろう。言い換えれば、言語の観点から見て課題に困難な点があると、思考モードに入って、自分の判断を考え直す。それによって、直感的反応（システム1）を抑え、呈示された選択肢を考え直すこと（システム2）ができるようになる。注意してほしいのは、この説明によれば、外国語の影響は、外国語であることによって認知的な努力が必要になるほどには、感情的反応が低くなることはそれほど関係しないことになる。もしそうだとすると、感情的反応が関係しない状況でも外国語効果は生じるはずである。そうなると、教育や社会一般へのより広範に意味を持つことになる。

私たちは、イェール大学のシェイン・フレデリック教授が考案した「認知反射テスト」を使ってこの仮説を検証した。私たちが使用した版のテストでは問題は三問だけで、受験者に直感的な答えを考えさせるようになっている……実は、それは不正解なのである。したがって、正解を出すには、受験者は、心に浮かんでくる直感的反応を退けて、もう少し注意深く考える必要がある。実際、受験者のこのテストの成績と一般的な知能検査の成績の間に相関関係があることを示す研究がある。以下がテスト問題である。

（1）野球のバットとボールの値段は合計で一ポンド十ペンスである。バットの値段はボールの値段より一ポンド高い。ボールの値段はいくらか？

（2）もし五台の機械で五台のキーボードを作るのに五分かかるとすれば、百台の機械で百台のキーボードを作るのにかかる時間はどれだけか？

（3）ある湖に花の咲いている区域がある。毎日、その区域が二倍に増える。もし花の区域が湖全体を覆ってしまうのに四十八日かかるとすれば、湖を半分覆うのに何日かかるか？

「答えは順番に十ペンス、百分、二十四日だけど、すぐには思いつかなかった」と言わないでほしい。申し訳ないけれど、どれも間違いなのである。この三つの数字は、まるで自動的にはっきり目に見えるようにすぐ思いつくものだが、それは直感的システムの産物なのである。実は、問題はそう答えるように考えて作られているのだが、もう少し考えれば、正解は、五ペンス、五分、四十七日だと気づくだろう。もし外国語効果が、もっと多くの認知的努力を必要とするなら、こういう問題は、外国語で出されたときの方が成績がよいという可能性がありそうだ。しかし、そうではなく、この三問の正答率はどの言語でも同じく低いのである。さらに、直感的回答をする傾向もどちらの言語でも同じくらいなのだ。外国語は、感情システムが関係しない論理問題に影響は及ぼさないように見える。しかし、この点については、もう少し深掘りする必要がある。

五人を救うために一人を犠牲にしますか？

多くの人々にとって、自分の信条や道徳的価値観は、人としての自分を規定するものだ。私たちは自分を考える時に、背が高いとか金髪だとかお金持ちだとか丈夫だとかということで考えるのではなく、道徳的だとか、理解があるとか、自己中心的かなどを考える。「それが私の人生原理ですが、もしお気にめさないのであれば……まあ、他にもありますから」というグルーチョ・マルクスのことばに忠実に従うのでなければ、私たちは何らかの人生原理や道徳規範を持っていて、それが本当の自分を作り上げていると考えたがるものだ。それから、善悪に関する自分の原理原則は比較的安定していて、その日の時間や天気など、それと無関係なことには左右されないと私たちは信じているし、信じたいと思っている。しかし、本当にそうなのだろうか。そのような人生原理は本当にそんなに揺るがないものなのか。反対に、自分が信じているほどには首尾一貫していないのではないか。まったく関係のない変数に左右されるとことだってあるのではないか。ここでは、外国語を使うと、そのような原理原則が変化するのかを見ていく。

ある考え方によれば、私たちが下す道徳判断は感情的反応によって左右されるのであって、当該の状況のもとでどんな行動をとるのがよいのかを考えた結果ではない（少なくとも、必ずしもそうではない）。それは、まるで自分の直感ではっきり善悪の判断を下すようなもので、そのときどきの具体的なことについてもっと丁寧に考えてするのではない。なので、ときどき、こう言ってしまう。「わかった、これはダメ。なぜって？　ダメなものはダメ」と。心にパッと浮かぶこういう答えは、ある程度、前の実験で調べたのと同じ直感的メカニズムによって誘導されているのだろう。実験では、この直感的メカニズムのおかげで、システム1を通して、経済問題や論理問題の素早い解決策を思いつくことができた。研究者の中には、ジョナサン・ハイトやジョシュア・グリーンのように、このような反応を、たとえばイマヌエル・カントが提唱した道徳律や「義務論」という学説と関連づける者もある。義務論によれば、ある行為が善いあるいは悪と判断できるのはその行為の根拠が普遍的、つまり人の利益や欲求に依存しない規則に従っている場合のみである。この考えにしたがえば次のような主張が出る。強い感情的反応によって私たちは、特定の状況にそれがどれくらい適しているをかあまり考えることなく、無意識のうちに道徳規則に従うことになる。

例を挙げてみよう。次の道徳ジレンマを考えてみてほしい。これは、私たちが道徳判断を研究するのによく使ったもので、もともとアメリカの哲学者、ジュディス・ジャーヴス・トムソンが考案したものだ。

列車が非常に速いスピードで五人の人のところに向かって進んでいる。列車はブレーキが故障していて、非常に重いものを進路に置かない限り止めることはできない。あなたの隣にとても太った男性がいる。列車を止める唯一の方法は、この人を線路に突き落とすことだ。彼を殺すことになるが、五人を救うことができる。

あなたなら、五人の命を救うために男の人を線路に突き落とすだろうか。多分しないだろう。実際のところ、このジレンマ問題を突きつけられた場合、約八十％の人は男性を突き落とさないという選択をする。この問題を読んで、ニヤリとするか、顔をしかめて心が揺さぶられるような居心地の悪い気持ちになったかも知れない。思わず、こう言ったようなものだろう。「絶対にそんなことはしない」と。自分ではなぜかよく分からないのに、反応はおそらく素早く、ほとんど無意識だ……あなたの感情システムがそう判断したのだ。「そんなことはしない。それで決まり」。それははっきりしている――先ほどの例題の野球ボールが十ペンスと同じくらいはっきりしているのだ。その後で、正当化と道徳的議論が働きだす。人の命は神聖だから決して目的を達成するための道具にしてはならないのか。誰が助かり誰が死ぬのかを人が決めてよいのか。他者に対して身体的行為を行ってよいのかなど。だまされてはいけない。判断はすでに下されていて、このような議論は自分自身を納得させる後付けの正当化に過ぎないのである。あなたは直感の助けをもらって、この問題に対する解決策を素早く出してあるのだ。このかわいそうな男を突き落とさないという解決だ。

ところが、ここで立ち止まって少し考えてみたら、功利主義の観点から見ると、もし男を線路に突き落とせば五人の命を救うことになると分かる。一人の命を犠牲にしても五人の命を救う方が善いのではないか。それは道徳的功利主義の立場をとるかどうかによる。予想される結果が最大化されるのが善いのか、それとも反対に、もっと義務論的立場に傾いていくのか。そうすれば、他者の命を目的達成の道具に使ってはならないという道徳律は普遍的に守られるべきということになる。この議論は、実際にはもっと複雑である。というのは、多くの場合に「功利」という用語の定義が若干難しいからである。

ともかく、このような道徳判断を、前のセクションで説明した二つの意思決定システムという観点から解明しようとする研究者がいる。その一つは直感的システムで、ほとんど無意識のうちに回答を出し、もう一つのシステムは、複数の選択肢とその結果をもっとじっくり考えて評価するのを促すというものだった。ここでの私の目的は、倫理的（道徳的）視点から見てどちらの意思決定システムが正しいかを論じることではない。倫理や道徳規範に関する研究は数多くあり、私はいずれの専門家でもない。さらに、このような入り組んだ問題について、誰もが満足するような解決策などないということは十分あり得る。しかし、私が明らかにしたいのは、私たちの道徳判断が問題の状況によって変わることなのである。

イギリスの哲学者、フィリッパ・フットが出した次のジレンマ問題を考えてほしい。これは多くの点で前の問題に似ている。

列車が非常に速いスピードで五人の人のところに向かって進んでいる。列車はブレーキが故障していて、このまま進めば、五人の人は死んでしまう。列車の進路を変更する方法があるが、そうすると一人の人が死ぬことになる。

あなたなら、列車の進行方向を切り替えるだろうか。多分そうするのではないだろうか。約八十%の人がそうすることが分かっている。一人の命を犠牲にして、五人の命を救うというのだ。つまり、太った男を線路に突き落とさないと言った人が、今度は、列車の進路を変えられるのなら、五人を救うために一人の命を犠牲にすると言うのである。しかし、この二つの道徳ジレンマは、同じ問題ではないのか。そうなのだ。行動をとった場合ととらなかった場合の期待値、つまり行動判断の結果（行動する選択をすれば、一人が死に五人が助かる。行動しない選択なら、五人が死に一人が助かる）という観点からすれば同じである。ところが、この二つのジレンマ問題に対する私たちの感情的反応は、同じではない。そうではないだろうか。一番目のジレンマは二番目の方よりも相当に不快だ。そうすると、二番目の問題は感情的緊張度が低いので、私たちは立ち止まって考え、もっと落ち着いて一人を犠牲にしても五人救う方が価値があるのか判断、つまり功利主義的判断をするのである。

さてそこで面白い仮説が成り立つ。もうお察しかも知れないが。もしジレンマ問題が外国語で呈示された場合、母語で呈示された場合よりも感情的反応が小さいのであれば、その結果下される道徳的判断は、問題呈示に使われた言語によって影響を受けることになる可能性がある。言い換えれば、外国語を使う場合、私たちが冷たくなるなら（感情的にならないなら）、私たちはおそらくもっと功利主義的傾向を示すだろう。結局グルーチョ・マルクスは正しくて、私たちの原理原則は、私たちが考えるよりもっとずっと簡単に影響されてしまうのだろうか。

求めよ、さらば与えられん、というではないか。私たちはこの仮説を検証することにした。英語を外国語として話すスペイン語母語話者四百人に、この二つのジレンマ問題を呈示した。この実験の参加者は、学校で少なくとも七年は英語を学んだ大学生たちである。社会的場面で英語を使ってはいないが、問題文は何の苦もなく理解した。参加者の半分には、ジレンマ問題をスペイン語で呈示し、もう半分には英語で呈示した。結果は際立ったものだった。列車の進路を変更するという、感情の喚起が少ないジレンマ問題の結果は両言語で似通っていた。つまり、おおむね参加者の八十%が功利主義的回答を選択した。すなわち、列車の進路を切り替えて、五人を救うというわけだ。

この結果は、他の研究から分かっていることなので、予想通りだった。しかし、感情的緊張度が高くなると想定されるジレンマ問題の方はどうだったのか。男を線路に突き落とすという決断は、問題呈示の言語によって左右されるのだろうか。そう、結局、判明したのはそういうことだった。ジレンマ問題が第一言語で出されると、男の命を犠牲にするのを選んだ参加者はわずか十七％だったが、英語で出されるとこの選択肢が選ばれるケースは四十％にも及んだ。別の言い方をすると、ジレンマ問題が第二言語で呈示されると、功利主義的判断が選ばれる割合が倍増したということだ。したがって、道徳判断は言語によって変化するのである。やっぱり、グルーチョは正しかった！

私たちは面白いことを発見したのだと悟ったのは、昼食をとりながら、この結果を母と息子に説明したときだ。二人は同時に「ありえない！」と言ったのだ。歳が五十年以上も離れている二人が同じものに驚いたのは、自分の道徳的判断という自分自身と同一のものが、ジレンマ問題を何語で出されたかなどという「大したことない」理由によって左右されるなどと信じられなかったからだ。そして、実のところ、いつもなら二人とも私の話には飽き飽きなのだから。

この結果を学会発表する前に、実験参加者の決断が、外国語として英語を、また母語としてスペイン語を使うことによってどのくらい影響された結果として変化するのかを調べてみることにした。聞いたことがあるかもしれないが、（まるでビジネスはスペイン語や中国語やロシア語では行われないかのように）英語は「ビジネス言語」だと思っている人がいる。ビジネス言語なら、より功利主義的なものごとの見方が好まれるだろう。そこで、私たちは、同じジレンマ問題を、スペイン語を外国語として話す英語母語話者に呈示した。結果は同じであった。列車の進路を替えるかどうかの問題では、回答に言語による差はなかったが、男を線路に突き落とすかどうかの問題だと、差が出たのである。後者の場合、外国語の方が母語よりも二倍もの参加者が突き落とすことを選択したのだ。

このような結果は、数カ国語でまた複数の研究機関で再現されているので、結果は頑健で信頼性のあるものだと示唆されるのだが、そもそもの原因が何かはまだ分かっていない。私は、感情の喚起が低下するという仮説にそって説明してきたが、他の説明も可能だ。私はこの問題を長々書くつもりはない。というのは、現在のところ充分なデータがまだないので、そのような説明を裏付けることも反証することもできないからだ。きっと近い将来、外国語使用と経済と道徳に関わる意思決定のこの関係に関するデータが集まるはずだ。それは社会全体にとって興味のある話題で、ニューヨーク・タイムズやエコノミストなどの一般向け出版物にも載るだろう。乞うご期待。

社会的マーカーとしての外国語

言語は私たちの経済的決断や道徳判断を変えることがあるだけでなく、他者が私たちをどう見るのかにも影響することもある。第二言語は、また、私たちが他者を判断するときにも影響を及ぼす。第一章で見たように、子どもは周囲の者が話す言語を使って、自分の社会的集団を決める傾向がある。子どもに誰といっしょに遊びたいかを尋ねる研究を思い出してもらいたい。お友だち候補の中には、自分と同じ言語を母語とする子どもと、外国語訛りでその言語を話す子どもと、別の言語を話す子どもがいた。子どもたちは、自分と同じ言語を話す子ども……中でも外国語訛りなく話す子どもを選んだ。このセクションでは、社会的カテゴリー化の影響は、はっきり現れたり暗黙のうちに現れたりするが、大人にも存在することを示す。加えて、このカテゴリー化は、他者が私たちをどのように認知するかにも影響を与え、ステレオタイプや偏見の根本原因になりうることを見ていく。『マイフェアレディ』の中で、ヒギンズ教授がイライザ・ドゥーリトルの訛りを矯正するために彼女に課した訓練を覚えているだろうか。このセクションではそれをさらに深める。

　私たちには他者の話し方に注意を向ける無意識の傾向があると主張する研究者がいる。私たちは、人と話す際、語彙（supper か dinner か）や形態的多様性（going か goin か）や方言の多様性（cookie か buiscuit か）やアクセント（brother か broder か）などに目を向ける。私たちはこのような情報を使って、人々を異なる社会的グループにカテゴリー化するのである。その際、自分のグループと他者のグループの違いがもっとも重要となる。事実、このバイアス（先入観）は、人のグループ化において、皮膚の色などのその他の特徴よりも大きな決定因子だと言われている。この主張の根底には、私たちの祖先には（皮膚の色などの）身体的特徴が大きく異なる人々と接触する機会がほとんどなかったという考えがある。反面、おそらく、別の言語を話す人々、あるいは少なくとも話し方に十分な多様性があり、自分と同じ集団なのかどうかを判断できるような人々との接触の機会はもっと多くあっただろう。このため、進化において言語を使うことは、先史時代には多様性がずっとわずかであったその他の性質よりも重要であった。そして、ちょっとよく考えてみれば、私たちはほんの数語のことばから、その人が同国人かどうかや、社会経済的地位など、どれほど多くの情報を得ているかが分かるはずだ。聖書は「シボレト」というたった一語の発音からギルアド人がどうやってエフライム人を見分けたかを語っている。最初の音の発音がはっきり違っていたからだ（第一章で述べた「知覚適応」を思い出してほしい）。この最初の音を正しく発音できなかった人々（数万人）は、ギルアド人によって殺されてしまったのである。

この仮説は、カリフォルニア大学サンタ・バーバラ校のデイビッド・ピエトラズウェスキーが行った独創的な実験によって検証された。少し詳細を説明しよう。実験参加者に複数の人の顔写真が呈示された。一人の顔が現れるごとに、あるフレーズが参加者に聴覚呈示された。それぞれの顔写真は三回呈示され、その度に異なるフレーズと結びつけられた。八人の顔のうち半分は英国アクセントの英語でフレーズが発せられ、もう半分は米国アクセントであった。実験参加者は全員英語母語話者でアメリカ出身であった。刺激呈示段階では、参加者のすることは、ただフレーズを聞いて顔を見るだけだった。それ以外は何もなしだ。この段階が終わると、八人の顔写真がコンピュータ画面に表示されて、フレーズが一つずつ聴覚呈示された。ここで参加者は、それぞれのフレーズを言ったのは誰かを答えるように言われた。つまり、質問は誰が何を言ったのかということだ。この課題は非常に難しい。なぜなら呈示された文（フレーズ）は数多くあり、参加者の記憶力はかなり乏しいからだ。しかし、そこがまさに実験のポイントなのであり、参加者は混乱してしまうので、どんな間違いをしたかに気づかない。問題は、もしフレーズを間違った人に結びつけたとしたら、そのフレーズはその人のと同じアクセントで話されたものかどうかということである。原則として間違いはランダムに分布するはずであるが、実際には参加者の間違いにはある種の規則性があった。参加者は、正解の人と同じアクセントで話す人を選ぶ傾向があった(15)。それは、刺激呈示段階で、参加者が無意識のうちに顔写真を英語のアクセントにそってカテゴリー化していたようなものだ。この混乱現象は、母語において異なるアクセントの間で生じただけではなく、異なる言語で話す場合や、一方が母語でもう一つが外国語の場合でも生じたのである。ところで、実験後、参加者はこのバイアスに気づいていたかを尋ねられると、気づいていなかったと答えた。そればかりか、自分の回答がそのようなカテゴリー化に影響されていたなどということはないと主張したのである。

もしかすると読者はこの結果にはそんなに驚かなかったかも知れない。同じようなことは、個人を分けるあらゆる特徴で生じる可能性があるのだろうか。これは確かに生じることなのである。もし実験を変更して、白黒の顔写真を見せても、混乱現象は同じなのだ。違う大学のシャツを着た人々でも同じようなことが生じる。なので、答えは「イエス」だ。どんな手がかりでも、人々を別々のグループに分ける助けになる。だから、それがどうしたというのか。実際、私たちがカテゴ

(15)［訳注］刺激呈示段階の操作により、八人がそれぞれ英国アクセントの人（AさんからDさん）か米国アクセントの人（EさんからHさん）として印象づけられた。その次の段階で、たとえばAさんと一緒に呈示されたフレーズを、Aさん以外の人が言ったと間違えたときに、EさんからHさんではなく、BさんからDさんを選んでいた方が多かったということ。

リー化する場合、こういった手がかりがすべて同じ重みを持つわけではない。ある手がかりは他の手がかりより重要性が高いのである。同じ実験で、二つの手がかりを呈示して、どちらの方が参加者の回答により大きなバイアスとなる（混乱させる）のかを見ることができる。白黒の顔写真と英国と米国アクセントのどちらの方が、カテゴリー化に大きなウェイトを占めるだろうか。結果は大変興味深い。アクセントの方が肌の色より回答を歪めるのである。先ほど紹介した友だちを選ぶ子どもたちと少し似ている。言い換えると、人々は、肌の色よりも言語の使い方の力がその人をよく表すしるしと捉えているようなのである。ただし、一部の人々にとっては、あらゆるしるしが同じ比重を占めるようなところが私には気がかりだ。

社会的カテゴリー化は、しばしばステレオタイプ形成の一部となる。一度人々を一つの共通の傘の下にまとめてしまうと、いいものであれ悪いものであれ、そのグループに共通すると思われる性質を一人ひとりの個人に当てはめてしまいがちである。外国語が話される場面では、幾分問題となるステレオタイプがある。それは特に外国語訛りで母語以外の言語を話す（著者を含む）人々に対するものだ。私たちは、母語話者よりも外国語訛りの話者の方が、その話の内容の真実性を疑ってしまう傾向がある。たとえば、「アリは眠らない」という文の内容は本当と思うかを判断するように求められたとき、母語のアクセントで文を言った場合の方が外国語アクセントで言った場合よりも正しいと思ってしまう。さらに悪いのは、実験参加者に教示で、刺激文を読む人は研究者が渡したものをただ読み上げているだけなので、文の正確性は読み上げている人とは無関係ですと伝えても、外国語効果は生じることだ。つまり、私たちは母語話者のように聞こえる人の方を外国語訛りで話す人よりも信用するということだ。

私たちは外国語訛りのある人と話し合うとき、母語話者と話すときと違うかたちで言語処理をする傾向があるようなのである。ある意味では、もしかすると何かがあって理解しにくいために、話の詳しい内容に十分注意を向けられず、伝えようとしている意図の方に目を向けるのかも知れない。これはちょっと、話し手が何を「言うか」にではなく、何を本当は「意味しているのか」に気を配るのに似ている。だから、会話で話し手が母語のアクセントで話したときの方が、使った実際のことば（語）をよく記憶できるのだ。だから、外国語で話すときは、聞き手が自分の言ったことを正確に覚えているとか、メッセージの詳細を覚えていると期待しない方がよい。私のように、英語で講演をする人間にとって、これはうれしいニュースではない。聴衆は私の言ったことをほとんど覚えていないし、たとえ覚えていても、それを信用しないのだ。少し突飛な結論だと認めはするけれど……。

このようなことはどれも、言語がいかに重要な社会的カテゴリー化の要因であるかを示している。このことを意識し、このようなバイアス（先入観）がどのような働きをするのかを理解することが、個人と社会集団に偏見を持ったり、不当に差別することを減らすのに不可欠である。

この章では、外国語を使って会話をしたり、感情を伝えたり、意思決定をすることに社会的カテゴリー化がどのように関係しているかを解説した。社会の中で外国語を使えるようになるのがいかに難しいかを見た。その例としてユーモアと罵りことばを取り上げた。その流れにそって検討したのが、外国語のことばや表現はそれほど強い感情的な反応を引き起こさないのはどうしてかという問いであった。これを「理解するが、同じようには響かない」現象と呼んだ。また、このような感情のからんだ反応が経済と道徳領域の意思決定と関係づけられることも見た。最後に、言語が人々を異なる社会集団に区別する要因としてどれくらい強いものかの分析を行って検討した。

この一連の情報が示しているのは、もし誰かにその人の母語で話したら心に届くが、その人が分かる言語で話したら、その人の頭にしか届かないというマンデラのことばは正しかったという事実である。しかし、読者は同意してくれると思うが、功利主義思想の父とも言えるジェレミー・ベンサムが言ったように、一貫性は人間にもっとも共有されていない性質である。

さて、これで私たちの旅は終わりになる。一つの脳の中に二つの言語がどのように共存しているのか、そしてそれがどのような認知的、神経的、社会的影響を及ぼすかという研究課題をめぐる興味の尽きない世界を読者の皆さんに伝えることができたのであればこの上ない喜びである。本書を楽しく執筆することができたし、皆さんも楽しんで読んでいただければと願っている。何より、読者の皆さんをこの世界に引き込むことができればと願っている。なぜなら、儒教の名言にあったように、聞く・見るよりも体験してこそ、理解が進むのだから。

訳者あとがき

グローバル化と国際化が進む現代社会において、バイリンガリズムはますます重要性を増している。言うまでもなく、グローバル社会においては、異なる文化や言語圏とのコミュニケーションが不可欠だからであるが、そうなると、自分が生まれ育つ中で習得する第一言語（母語）以外に、異なる文化や言語背景をもつ人々とも共有できる言語（第二言語）が必要となる。また、移民に代表される他国や他地域に住む人々もこれまでにないスケールで増加している。そのような人々も母語の他に、移り住んだ地域の言語を身につける必要に迫られるし、受け入れる地域にしても、そのような人々の言語あるいは共通語での対応が公共機関をはじめ社会的レベルで必要になる。

本書は、そのような現代に生きる私たちに有益な情報を提供してくれる一冊である。一般的に、バイリンガリズムのテーマは、社会的言語学的視点から議論されることが多いと思うが、本書では、二言語を使うことによって、それが言語だけでなくその他の認知能力や脳構造や脳機能にどのような影響を与えるのかという興味深い疑問について、多くの発見を与えてくれる。

本書の著者、アルバート・コスタ（Albert Costa）は、言語心理学、特にバイリンガリズムを専門とする心理学者である。スペイン・バルセロナ生まれで、自身もスペイン語とカタロニア語のバイリンガルである。バルセロナ大学で博士号を取得した後、マサチューセッツ工科大学（ＭＩＴ）、ハーバード大学などで研究を行い、バルセロナ大学のリサーチ・フェロー、准教授を経て、二〇〇八年にポンペウ・ファブラ大学の研究教授に就任した。残念なことに、二〇一八年に四十八歳の若さでこの世を去った。コスタは、現在でもバイリンガリズム研究の分野で世界をリードする認知科学者・心理学者として国際的に高く評価され、この分野の研究者に強い影響を与えており、彼の死は大変惜しまれる。

コスタの研究を特徴づけるものの一つは、バイリンガリズム研究において従来の実験心理学的手法に加えて、脳機能イメージングなどの神経心理学的手法を導入したことにある。本書においても、彼自身の研究をはじめ、その他の研究者によるバイリンガル話者の脳の機能や特性に関する最新の研究成果を幅広く紹介しており、バイリンガリズムが脳機能に及ぼす影響について理解を深める上で貴重な一冊となっている。なお、本書は研究者向けではなく、一般読者向けに書かれており、専門知識がなくても充分に理解することができる。

本文にも登場するコスタがハーバード大学で師事したアルフォンソ・カラマザによれば、コスタは二〇一〇年以来、特にバイリンガル話者がどのようにして、一方の言語からの干渉を防ぎながらもう一方の言語を使うことができるのか、言い換えれば、バイリンガル話者がどのように二つの言語を制御するのか、という問いに取り組んでいた。この問題は、言語処理と注意の制御との交互作用という視点から捉えることができると考え、コスタは、バイリンガルの言語制御が、注意の制御機能など、他の認知領域にどのような副次的影響を与えるのかを解明しようとしていた。コスタの研究チームは、注意の制御に関与する脳部位がバイリンガル言語処理中にどの程度活性化するのかを見ることによって、言語処理と注意の制御の関連性を解明する研究を行なった。さらに、単一言語環境で育った乳児（モノリンガルの乳児）または二言語環境で育った乳児（バイリンガルの乳児）にさまざまな制御機能に関わる課題を課す実験を行い、バイリンガリズムに関連付けられた認知能力がどのように発達するのかも中心的な研究テーマであった。これらの問題に関して得られた知見は、本書でも論じられているので、本文から読み解くことができる。

原著は *El Cerebro Bilingüe*（Debate, 2017）というタイトルで、スペイン語で出版されているが、邦訳にあたっては英訳版の *The Bilingual Brain: and what it tells us about the science of language*（Penguin Books, 2017）も参照した。英訳版では章のまとめの記述やコスタのジョークや政治的風刺まじりのコメントなど、全体の流れにはそれほど影響のない部分が省略されているが、これらの部分はコスタのユーモアが色濃く出ていて面白い。それが邦訳でどこまで表現できているかは、読者の評価に委ねたい。

本書の邦訳には、私の研究室の大学院生、Miyuki Rachel Oshima（大島深雪）、Grace Wilson（安藤望）、Iou-Shiuan（Angela）Chou（周祐暄）の援助に負うところが大きい。三名とも私のもとでバイリンガリズム、第二言語処理をテーマとして研究に励んでいるが、その合間をぬって、邦訳作業のために力を貸してくれた。ミユキとグレースは、スペイン語版と英語版を対照して、両版のニュアンスの違いを指摘し、英語版で省略されたスペイン語原著の部分を英訳してくれた。アンジェラには、英語の表現や本文に出てきた中国語について解説をしてもらった。彼女たちの熱心な手助けと励ましに深く感謝の意を表したい。次に、私のよき理解者であり、翻訳作業中も忍耐と愛をもって私を支えてくれた、妻の智美にも感謝している。最後に、勁草書房の永田悠一さんには、企画の段階から原稿の編集、校正、引用文献の確認など、邦訳作業全般にわたって大変お世話になった。心より御礼申し上げる。

二〇二四年三月　山梨・甲府にて

森島泰則

索　引

◆さ　行

◆た　行

◆な　行

◆は　行

読書案内

Alexakis, V. (2006). *Foreign Words*. Bloomington, IN: Autumn Hill.

Armon- Lotem, S., de Jong, J., and Meir, N. (eds.) (2015). *Assessing Multilingual Children: Disentangling Bilingualism from Language Impairment*. Bristol: Multilingual Matters.

Baus, C., and Costa, A. (eds.) (2016). 'Second-language processing' [Special Issue], *Language Learning*, 66 (S2).

Blakemore, S.-J., and Frith, U. (2005). *The Learning Brain: Lessons for Education*. Maldon, MA, and Oxford: Wiley-Blackwell. (S. J. ブレイクモア・U. フリス　乾敏郎・山下博志・吉田千里（訳）(2006). 脳の学習力：子育てと教育へのアドバイス　岩波書店)

Dewaele, J.-M. (2010). *Emotions in Multiple Languages*. London: Palgrave Macmillan.

Friederici, A. (2017). *Language in our Brain: The Origins of a Uniquely Human Capacity*. Boston, MA: MIT Press.

Gazzaniga, M. (2006). *The Ethical Brain: The Science of our Moral Dilemmas*. New York, NY: Harper Perennial. (マイケル, S. ガザニガ　梶山あゆみ（訳）(2006). 脳のなかの倫理：脳倫理学序説　紀伊國屋書店)

Grant, A., Dennis, N., and Li, P. (2014). 'Cognitive control, cognitive reserve, and memory in the aging bilingual brain', *Frontiers in Psychology*, 5, pp. 1–10.

Grosjean, F., and Li, P. (eds.) (2012). *The Psycholinguistics of Bilingualism*. Oxford: Wiley-Blackwell.

Guasti, M. (2004). *Language Acquisition: The Growth of Grammar*. Cambridge, MA: MIT Press.

Gullberg, M., and Indefrey, P. (eds.) (2006). *The Cognitive Neuroscience of Second Language*. Hoboken, NJ: Wiley.

Harris, S. (2011). *The Moral Landscape: How Science can Determine Human Values.* New York, NY: Free Press.

Hernandez, A. (2013). *The Bilingual Brain.* Oxford: Oxford University Press.

Hogarth, R. (2001). *Educating Intuition.* Chicago, IL: University of Chicago Press.

Kahneman, D. (2011). *Think Fast, Think Slow.* New York, NY: Farrar, Straus, and Giroux.（ダニエル・カーネマン　村井章子（訳）(2012). ファスト & スロー：あなたの意思はどのように決まるか？　早川書房）

Karmiloff, K., and Karmiloff-Smith, A. (2001). *Pathways to Language.* Cambridge, MA: Harvard University Press.

Kemmerer, D. (2015). *Cognitive Neuroscience of Language.* London: Psychology Press.

Ledoux, J. (1998). *The Emotional Brain: The Mysterious Underpinnings of Emotional Life.* New York, NY: Simon and Schuster.（ジョセフ・ルドゥー　松本元・川村光毅・小幡邦彦・石塚典生・湯浅茂樹（訳）(2003). エモーショナル・ブレイン：情動の脳科学　東京大学出版会）

Pavlenko, A. (2014). *The Bilingual Bind and what it Tells us about Language and Thought.* Cambridge: Cambridge University Press.

Pinker, S. (2007). *The Stuff of Thought: Language as a Window into Human Nature.* New York, NY: Penguin.（スティーブン・ピンカー　幾島幸子・桜内篤子（訳）思考する言語：「ことばの意味」から人間性に迫る　日本放送出版協会）

Schwieter, J. W. (ed.) (2015). *The Cambridge Handbook of Bilingual Processing.* Cambridge: Cambridge University Press.

Tucker, A., and Stern, Y. (2014). 'Cognitive reserve and the aging brain', in A. Nair and M. Sabbagh (eds.), *Geriatric Neurology.* Chichester: Wi ley.

図出典

図 2.1　A. Costa, M. Calabria, P. Marne, M. Hernández, M. Juncadella, J. Gascón-Bayarri, A. Lleó, J. Ortiz-Gil, L. Ugas, R. Blesa and R. Reñé, 'On the parallel deterioration of lexico-semantic processes in the bilinguals' two languages. Evidence from Alzheimer's disease', *Neuropsychologia*, vol. 50, 5, 2012, pp. 740–753. © 2012, Elsevier Ltd. All rights reserved.

図 2.4　J. Abutalebi and D. Green, 'Bilingual language production. The neuro-cognition of language representation and control', *Journal of Neurolinguistics*, vol. 20, 3, 2007, pp. 242–275. © 2006, Elsevier Ltd. All rights reserved.

図 3.1　A. Costa and I. Ivanova, 'Does bilingualism hamper lexical access in speech production?', *Acta Psychologica*, vol. 127, 2, 2008, pp. 277–288. © 2007, Elsevier B.V. All rights reserved.

図 3.2　Used by permission of Jon Andoni Duñabeitia.

図 3.3　E. Bialystok, G. Luk, K. Peets and S. Yang, 'Receptive vocabulary differences in monolingual and bilingual children', *Bilingualism: Language and Cognition*, 13 (4), 2010, pp. 525–531. © 2009, Cambridge University Press.

図 3.5　Samantha P. Fan, Zoe Liberman, Boaz Keysar and Katherine D. Kinzler, The Exposure Advantage. Early Exposure to a Multilingual Environment Promotes Effective Communication', *Psychological Science*, vol. 26, 7, 2015, pp. 1090–1097. © 2015, SAGE Publications.

図 4.2　A. Costa, M. Hernández and N. Sebastián-Gallés, 'Bilingualism aids conflict resolution. Evidence from the ANT task', *Cognition*, vol. 106, 1, 2008, pp. 59–86. Doi: 10.1016/j.cognition.2006.12.013. © 2007, published for Elsevier B.V.

プレート 1　R. Sebastian, A. Laird and S. Kiran, 'Meta-analysis of the neu-

ral representation of first language and second language', *Applied Psycholinguistics*, vol. 32, 4, 2011, pp. 799–819. © 2011, Cambridge University Press. All rights reserved.

プレート 2　M. Burgaleta, A. Sanjuán, N. Ventura-Campos, N. Sebastián-Gallés and C. Ávila, 'Bilingualism at the core of the brain. Structural differences between bilinguals and monolinguals revealed by subcortical shape analysis', *NeuroImage*, vol. 125, 2016, pp. 437–445. © 2015, Elsevier Inc. All rights reserved.

プレート 3　Jubin Abutalebi, Pasquale Anthony Della Rosa, David W. Green, Mireia Hernández, Paola Scifo, Roland Keim, Stefano F. Cappa and Albert Costa, 'Bilingualism Tunes the Anterior Cingulate Cortex for Conflict Monitoring', *Cereb Cortex*, 22 (9), 2012, pp. 2076–2086. Doi: 10.1093/cercor/bhr287. © 2011, Oxford University Press.

プレート 4　Gigi Luk, Ellen Bialystok, Fergus I. M. Craik and Cheryl L. Grady, Lifelong Bilingualism Maintains White Matter Integrity in Older Adults', *Journal of Neuroscience*, 31 (46), 2011, pp. 16808–16813. © 2017, Society for Neuroscience.

著者紹介

アルバート・コスタ（Albert Costa）
1970 年生まれ。ポンペウ・ファブラ大学教授。Ph.D.（Psychology）
専門はバイリンガリズムの認知プロセス，脳神経学的基盤の研究。
2018 年逝去。

訳者紹介

1958 年，静岡県生まれ。1996 年，コロラド大学大学院博士課程修了，Ph.D.（Psychology）。中学校教諭（英語），日系企業研究員，スタンフォード大学客員研究員，国際基督教大学教養学部教授（心理学）を経て，現在は同大特任教授，および山梨英和中学校・高等学校長。専門は認知心理学，とくに，第一，第二言語の文章理解。著書に『なぜ外国語を身につけるのは難しいのか：「バイリンガルを科学する」言語心理学』（勁草書房，2015），『現代心理学：人間性と行動の科学』（分担執筆，ナカニシヤ出版，2012），『言語心理学入門：言語力を育てる』（分担執筆，培風館，2012）がある。

バイリンガル・ブレイン
二言語使用からみる言語の科学

2024 年 7 月 20 日　第 1 版第 1 刷発行

著　者　アルバート・コスタ
訳　者　森　島　泰　則
発行者　井　村　寿　人

発行所　株式会社　勁《けい》　草《そう》　書　房

112-0005　東京都文京区水道2-1-1　振替　00150-2-175253
（編集）電話　03-3815-5277／FAX　03-3814-6968
（営業）電話　03-3814-6861／FAX　03-3814-6854
本文組版 プログレス・平文社・松岳社

ISBN978-4-326-29938-6　　Printed in Japan